先生も知らない世界史

玉木俊明

日経プレミアシリーズ

はじめに

「先生も知らない」などと言うと、少し挑発的に感じる方もいらっしゃると思います。

しかし、私を含め、「先生が知らない」ことなど、世界史にはゴロゴロしています。また、高校生のときに学習したことが、現在では時代遅れになっているとか、そもそも学習時点で時代遅れの学説だったということは、決して珍しくはないのです。

受験生の方は、このような世界史もあるのかという気持ちで、大学生の方は、高校生のときに習った世界史にはこんな裏話があったのかという気持ちで、さらにビジネスパーソンには、自分が知っていると思っていた世界史の解釈が、現在ではこのように変化しているのかということを感じていただければ、筆者としてこれに勝る喜びはありません。

私が受験生だった三〇年以上前には、世界史には、ヨーロッパとアメリカ、それから中国以外のことは、あまり出てこなかったと思います。私は大学入試のときに、フランス革命において発生した事件をこと細かに暗記しましたが、現在ではそのようなことは必要ありません。

私の受験生時代にはあまり出てこなかった東南アジアやアフリカ、ラテンアメリカ、イスラーム世界の歴史が、現在では以前よりもたくさん出題されるようになっています。世界史の教科書は、大きく変わったと思います。

現在の大学生は、私たちの世代よりも、世界各地の歴史について、満遍ない知識があると思います。これは、現在の大学生の大きな強みです。

しかしながら、ヨーロッパが近代世界の枠組みをつくったというのも、否定できない事実でしょう。また私自身、西洋経済史家でありますので、本書は西洋史中心の記述になっています。さらに、商業史の観点から、世界史をとらえなおそうとしています。したがって、残念ながら東洋史のことはあまり触れられていません。東洋史からみた「先生も知らない世界史」は、やはり東洋史の専門家に書いていただくしかないと考えています。

ヨーロッパは、地理的にみれば、ユーラシア大陸の端っこに位置する半島にすぎません。生態系からみれば、おそらくアジアの多くの地域よりも貧しいのではないでしょうか。しかも、中世のヨーロッパは、イスラーム勢力によって取り囲まれていました。

そのヨーロッパが、イスラームの包囲網から脱し、やがて一九世紀になると世界各地に植民地を有するようになった。それはどうしてなのか。それを商業史や経済史の面から論じたい。本書は、そのような問題意識の産物です。

本書で述べられていることの多くは、欧米の歴史学界でも話題になっていることです。ところが残念ながら、それが日本にうまく紹介されているとは言いがたい面があるのです。本書の価値は、そのような議論を導入し、私なりに理解して一般の読者に紹介し、さらに私には欧米人の議論の問題点だと思われることを指摘し、新たな見解を提示しようとしています。

本書では、重要な研究や研究書について本文中で紹介していますが、それ以外に読んでおいていただきたいものもあります。ただ、残念なことにそのような研究には翻訳がないものが多いので、本書では、参考文献をつけることはしませんでした。

本書の企画は、日本経済新聞出版社編集部の堀口祐介さんからいただきました。読者に「こういう歴史の見方もあるんだ」という新鮮な驚きを提供することの大切さを、堀口さんに教えていただきました。この場を借りてお礼申し上げます。

歴史は、ビジネスの場でも、教養においても、とても大切なものです。現代の出来事は、歴史を遡らないかぎり理解できません。本書をお読みになった皆さんが、わくわくするような気分になり、「なるほど、やっぱり歴史って大切だな」と感じるような書物になっていることを、祈るばかりです。

二〇一六年九月　州本にて

玉木　俊明

目次

第二章　逆転の世紀——豊かなアジアを追い越すヨーロッパ……55

第三章 イギリスはなぜ世界のトップに立てたのか……131

第　一　章

古代から近代へ

文明誕生の語られざる真実

1. 誰にも解けない謎——定住生活の開始

定住によるメリットはあったのか

約一万年前に氷期が終わると地球は温暖化し、自然環境が大きく変化したため、新人は地域ごとの多様な環境に適応しなければならなかった。彼らが環境に適応するなかでもっとも重要な出来事は、約九〇〇〇年前の西アジアで、麦の栽培とヤギ・羊・牛などの飼育が始まったことであった。これが、農耕・牧畜の開始である。これにより人類は積極的に自然環境を改変する能力を身につけ、食料を生産する生活を営みはじめた。人類史は、狩猟・採集かち農耕・牧畜による生産経済に移るという重大な変革をとげたのである。その結果、人口は飛躍的に増え、文明発展の基礎が築かれた。

(『詳説世界史 世界史B』山川出版社、二〇一三年、一二頁)

おそらくこれが、狩猟生活から定住生活に関する一般的な記述でしょう。しかし、ここでは数千年に及ぶ歴史が、わずか数行に凝縮されています。現実には、なぜ人間が定住するようになったのか、そして農業を営むようになったのか、決定的な答えは出ていません。さらにいうなら、それは大きな謎なのです。これほどリスクが高く、長年にわたって人類を苦しめる選択を、人間はなぜしたのかという謎です。

『10万年の世界経済史』（上下巻、久保恵美子訳、日経BP社、二〇〇九年）を著したグレゴリー・クラークという経済史家は、一八〇〇年になっても、人類の生活水準は、一〇万年前のサヴァンナのそれよりもむしろ低いほどだったとさえ言っています。ただし私は、いくら何でも、それは極端な意見だと思うのですが。

いずれにせよ、狩猟採集から定住生活に変わり、農業を営むことによって、人類の生活が短期間のうちに豊かになったとはいえないのは、ほぼ確実なのです。というより、人類は、かなり長期間にわたり、貧しい生活を余儀なくされたのです。

なぜ、人類は定住するようになったのでしょうか。

ダイアモンドの指摘

ジャレド・ダイアモンドという歴史家は、定住生活こそ「人類史上最大の過ちである」と言ってはばかりません。ここでは、彼の意見にもとづいて、論を立ててみます。

そもそも人類は、その歴史のほとんどを、狩猟採集によって生きてきました。農作物を生産するようになったのは、せいぜい一万年ほど前のことにすぎません。

かつて、狩猟採集による生活水準は低く、平均寿命は短いと考えられていました。というのも、食料を育てることはできず、貯蔵されるものは少なく、毎日新しい食料を見つけて飢えをしのがなければいけないと推測されていたからです。

いまから約一万年前（正確にはもっと後の時代でしょうが）にこのような悲惨な状況から逃れるために、世界中で植物の栽培と動物の家畜化が始まったといわれていました。定住し、品種改良をした植物を栽培したなら、たくさんの食料がとれ、飢えから逃れられると、多くの研究者は考えていました。しかし、それが間違いであることがわかってきたのです。

たとえば、現在も狩猟採集生活をしている南部アフリカの原住民には十分な余暇の時間があり、あくせく働いているわけではありません。彼らの一日の摂取カロリーは二一四〇キロカロリーであり、十分な栄養を得ています。このような生活をしている彼らが餓死するということは到底考えられません。それは、一万年前の狩猟採集民にもあてはまったはずなのです。

狩猟採集から農耕生活に移ることで、人々の生活水準は向上したと考えられていました。しかし、幸運にも発見された考古学の遺跡をみるかぎり、この学説は支持できません。現実に入手できるのは骨格だけですが、そこから、驚くべき結果がわかってきたのです。

たとえば、ギリシアとトルコで発見された骨格からは、氷河期末期の一万年前の狩猟採集民の平均身長は、男性が五・九フィート（約一・八〇メートル）、女性が五・五フィート（約一・六八メートル）であるのに対し、紀元前三〇〇〇年の農民は、それぞれ五・三フィート（約一・六二メートル）と五フィート（約一・五二メートル）であり、むしろ狩猟採集民の方が身長が高いのです。

ここから推測できるのは、狩猟採集民の方が栄養状態が良かったのではないかということです。それは、アメリカで発見された骨格からも明らかです。狩猟採集民と比較して、農民は、栄養不足によるエナメル質欠損が五〇パーセントも多かったのです。

この地域の骨格を調べたところ、農業が誕生する前の人々の平均寿命が二六歳だったのに対し、農業が登場してからは、一九歳へと大きく下がってしまうのです。それは、農耕生活者の方が栄養状態が悪く、そのため生き延びるのが難しかったということです。

それは、ショッキングな発見でした。

農耕生活は人類史上最大の失敗？

さらに農業は身体に悪いと、ダイアモンドは言います。

その理由として、次の三つをあげます。

第一に、狩猟採集民の食事は多様だったのに対し、初期の農民が入手できる食料は一種類か二種類に限られていたうえに、それらはカロリー数が少なく、栄養状態は良くなかったということです。

第二に、非常に限られた数の作物に依存していたため、もし作物が育たなかったら、たちまち飢餓に見舞われる危険性があったのです。

第三に、農業によって人々が密集して住むようになり、その多くが他地域の人々と商品を交換したので、寄生虫や伝染病が広まることになりました。結核と下痢は農業が発生するまでは存在せず、はしかと腺ペストは大都市が生まれるまでは発生しませんでした。人間が移動することによって、病原菌が撒き散らされたのです。

農業社会はさらに、人々の階級格差を作り出しました。

狩猟採集民は、食料を貯蔵する必要性はほとんどありませんでした。近くにあるものを採集すればよかったのです。それでいて、十分な食料がありました。

それに対し農民は食料を備蓄し、もつ者ともたざる者のあいだに大きな差ができるようになったのです。国王が誕生し、一般の農民よりもはるかに豊かな生活を送るようになったのです。農業はさらに、性による格差を生み出したかもしれません。農民の女性は、狩猟採集民の女性よりも妊娠しやすく、子供の世話により多くの時間を費やさなければなりませんでした。そして、女性は男性よりも伝染病にかかりやすかったのです。男性優位の社会になるのは必然でした。

たしかに、農業は、狩猟採集よりも多くの人々を扶養することができました。しかし、農民の生活が貧しかったことは、すでに述べた通りです。農耕生活を送った初期の人々の人口密度は、一〇平方マイル（約二六万平方キロメートル）当たり一人を超えることはほとんどありませんでした。それに対し、農民の場合、平均してその百倍の人口がいたのです。

約一万年前に氷河期が終わると、人類は農業を選んでより多くの人々を養うか、人口は増やさずに、狩猟採集を続けるかという選択を迫られました。

そもそも、氷河期に農業などできるはずはなかったことは、言うまでもありません。多くの人々が、前者の道を選びました。そして、狩猟採集民を追い出したり、殺戮したりしたのです。ここから考えると、農耕生活こそ、戦争行為をもたらしたといえるのかもしれません。

ダイアモンドは、狩猟採集生活こそ、もっとも成功し、長く続いた生活様式を示していると言いきっています。彼によれば、農耕生活を選んだのは、「人類史上最大の失敗」だったのです。

それでも人々は農業を選んだ

ダイアモンドがこのような結論に至ったのは、逆説的ですが、われわれの祖先が、農耕生活を選択したからでしょう。狩猟採集民が都市を築き、文明をつくりあげるのを想像することは、やはり難しいのではないでしょうか。

農民は、気の遠くなるような長い年月をかけて、狩猟採集民には届かない生活水準を達成できたと私は思うのですが、逆に言えば長いあいだ、農民の生活水準はおそらく狩猟採集民の水準には追いつかなかったのです。

われわれは、結果と原因を同一視したり、原因を結果だと、結果を原因だと勘違いすることがよくあります。われわれの遠い祖先の多くは、狩猟採集ではなく、農耕生活を選択した。これは、確実なことです。そのために人口が増大したのであり、人口が増大したから農耕生活を余儀なくされたわけではありません。

人々は、なぜ狩猟採集ではなく、農業を選んだのでしょうか。かなり長いあいだ、その選択は失敗であったとみられても仕方がないような状況だったのです。生活水準は下がり、平均寿命は短くなり、性差は拡大しました。さらに、人々のあいだの貧富の差は拡大したのです。

飢饉というのは、狩猟採集生活にまったくみられないのかどうかはわかりませんが、基本的に農業社会にこそ訪れるものです。人類が飢饉を乗り越えられたのは、おそらく二〇世紀になってからでしょう（しかし、いまだに中央アフリカに住む人々の生活水準はかなり低いままです）。

農民は、狩猟採集民以上に勤勉に働かなければなりません。もしかしたら、人類が勤勉になるために、農耕生活へと移行したのかもしれません。というか、それしか考えられません。

いずれにせよ、狩猟採集生活から農耕生活への移行は、人類史上最大の謎の一つなのです。

2. ギリシアは「自由」のために戦ったのか

――ペルシア戦争の意味

過大評価されるギリシア文明

私たちはしばしば「ギリシア文明」という表現をします。この文明がヨーロッパ文明の源流であると、一般にはみなされています。また、古代ギリシアと古代ローマをあわせて「古典古代」と呼びます。おおまかには、古代ギリシア世界は学問にすぐれ、古代ローマ世界は実用性を重んじたといってよいでしょう。そして古代ローマは、古代ギリシアなしには存在しませんでした。

そのように評価が高いギリシア文明ですが、それはもともと古代オリエントから派生したものでした。前二〇〇〇年頃に東地中海沿岸に誕生した青銅器文明をエーゲ文明と呼び、さらに前一六〇〇年にミケーネ文明というものが生まれます。

正確な理由はわかりませんが、前一二〇〇年頃、ミケーネ文明は突然滅亡し、その後四〇〇年間にわたり「暗黒時代」と呼ばれる時代に入ります。ギリシア文明がようやく安定した姿を見せるのは、前八世紀のことでした。

ここからおわかりいただけるように、ギリシア文明とは、元来オリエント文明の末裔であり、したがってオリエント文明の影響を無視したヨーロッパ史研究自体、現実的とはいえないということです。

ところがこれは、ともすれば忘れられがちなことなのです。欧米人がギリシア文明こそヨーロッパ文明の源泉であると主張するなら、彼らは、みずからの文明のなかにある程度は存在するオリエントの要素に気づくべきでしょう。

さて、ギリシア人は都市国家＝ポリスを建設するようになります。ギリシアのポリスどうしは対立することも多々ありましたが、文化的には一体化していました。ギリシア語という共通の言語を用い、共通の神々を信じ、みずからを「ヘレネス」と言い、異民族を「バルバロイ（野蛮人）」と言って軽蔑していました。

ポリスは、民主主義発祥の地だとされています。最高議決機関は「民会」であり、一八歳以上の成年男子が参加できました。民会では市民全員が参加する直接民主制がとられていました。しかしその一方で女性の参政権がないばかりか、奴隷制度が発達しており、今日の目からは「民主主義」とはとてもいえません。それは、多くの歴史家も認めていることです。

ギリシアの民主主義に関しては、フランス人の中世史家としてきわめて名高いジャック・ル・

ゴフが、「ギリシアの遺産としてはなによりも、民主主義（民衆の統治という意味）、都市国家の市民の法の前での平等、および公務参加の平等への希求があります」（ジャック・ル・ゴフ著、前田耕作監訳、川崎万里訳『子どもたちに語るヨーロッパ史』ちくま学芸文庫、二〇〇九年、四四頁）と言っていますが、民主主義に関しては、ギリシアをもてはやしすぎではないかという気がしています。そしてこのような間違いが、今もヨーロッパで流布しています。

ギリシアのポリスでは、アテネとスパルタが有名です。現実の歴史学研究では、古代ギリシアの研究というとアテネの研究がほとんどであり、スパルタの研究でさえそれに比べるとはるかに少ないのが現状です。数百といわれるポリスのなかで、現実に研究されている都市がほぼアテネに限られていることから、ギリシア・ポリスの現状は、ほとんどわかっていないというべきでしょう。

教科書には、「民主政が典型的な形で出現したのは、アテネであった」などという記述がいまだにみられますが、それはどう考えてもおかしいのです。

ペルシア戦争の誤解

ペルシア戦争について詳しく記しているのは、歴史の父といわれるヘロドトス（前四八五頃～

前四二〇頃）しかいません。ペルシア戦争について研究する歴史家の多くは、ヘロドトスが書いた『歴史』の文章をあれこれと解釈することで論文にしているように思われます。

ヘロドトスによれば、ペルシア戦争とは、専制政治のアケメネス朝ペルシアに対してギリシア・ポリスが自由を守ろうとした戦いでした。彼は、巨大なアケメネス朝ペルシアを、小さなポリスが連合して打ち破ったという見方をしました。

しかし、おそらく現在では、このような見解をもっている歴史家は少数でしょう。ペルシア戦争とは、アケメネス朝ペルシアと、ギリシア・ポリスという二つの帝国主義的な勢力の争いであったと考えられていると思います。

そもそもギリシア・ポリスでは、どうしても穀物が不足しがちであり、海外の穀倉地帯から穀物を入手する必要がありました。ギリシア・ポリスの植民市が地中海のあちこちにできたのは、それが要因の一つであったと考えられます。ギリシア・ポリスとは、帝国主義的な勢力であったのです。

さて、アケメネス朝ペルシアですが、この王朝の創始者はキュロス二世（在位前五五九～前五三〇）とされています。キュロス二世は、メディアとリディア王国を征服し、新バビロニアを滅ぼし、ユダヤ人を捕囚から解放します（新バビロニアにより、ユダヤ人は、バビロンに連行され

地図１　アケメネス朝ペルシアの領域

ていました）。前五二五年には、カンビュセス二世（在位前五三〇～前五二二）がエジプトを併合し、オリエントを統一することになります。アケメネス朝ペルシアは、このような大帝国でした（地図1参照）。

そのようなアケメネス朝ペルシアに対して、イオニア地方のギリシア人に植民市が反乱を起こします。それが、ペルシア戦争のきっかけになった事件でした。

教科書的な記述によれば、民主政によって団結を強めていたアテネ市民軍の重装歩兵が、前四九〇年のマラトンの戦いでペルシア軍を打ち破ります。さらに前四八〇年のサラミスの海戦で、ギリシア連合軍はまたもペルシア軍を破るのです。前四七九年のプラタイアの戦いでもギリシア軍はアケメネス朝ペルシア軍を破り、ペルシア戦争に勝利します。

実際にペルシア戦争が終結したのは、前四四九年のカリアスの和約だったとされます。ただしこの和約は実際には存在しなかったという説もあり、詳細はわかりかねます。ペルシア戦争がいつ終わったのかについては、実はいくつかの説があるのです。

戦争というと、通常"war"の意味ですが、戦闘は"struggle"です。"struggle"がなくなったとしても、"war"は続くことがありえます。法的には、戦争の集結には、どちらかの国が滅亡でもしないかぎり、講和条約が必要です。しかし、それがあったかどうか、わからないのです。したがって、ペルシア戦争終結の正確な年を決めることは、実質的には不可能だと思われます。

ギリシアは勝利したのか

たしかにギリシア側は、いくつもの戦いに勝利したことは事実です。しかし、本当に勝利したといえるのでしょうか。"struggle"に勝ったからといって、"war"にも勝利したといえるのでしょうか。

そもそも私たちは、ペルシア戦争の大きさを過大視していると私は思います。ギリシア側にとっては大事件だったのかもしれません。しかし、アケメネス朝ペルシアという大帝国からすると、ペルシア戦争は、どうみても大きな戦争とはいえないように思えるのです。

それを、ギリシアのみならずアケメネス朝ペルシアにとっても大戦争だと考えたのは、ヨーロッパ人の自意識過剰であるといってもよいでしょう。われわれは、このような偏見から自由になるべきではないでしょうか。

また、アケメネス朝ペルシアの脅威を、アテネがうまく利用した可能性もあります。前四七八年頃に、ペルシアの再侵攻に備えてアテネを盟主とするデロス同盟が結成され、その本部はデロス島に置かれます。しかも前四五四年には本部がアテネに移動し、同盟の資金は、アテネが自由に使えるようになったのです。

このようなアテネの横暴は、ペロポネソス戦争（前四三一～前四〇四）でスパルタを中心とするペロポネソス同盟が勝利を握り、スパルタがギリシアの盟主になるまで続くことになるのです。

そのスパルタに代わり、前四世紀中頃にはテーバイ（テーベ）が盟主になりますが、その覇権は短期間のもので、ギリシア・ポリスの争いはまた続くことになるのです。

このような情勢に終止符を打ったのがマケドニアであり、フィリッポス二世（在位前三五九～三三六）のもと、前三三八年にテーバイとアテネの連合軍を破り、ギリシアの支配者となります。さらにその子アレクサンドロス大王（在位前三三六～前三二三）は、インダス川にまで至る大帝国をつくり、その過程で、アケメネス朝ペルシアを滅ぼしました。

それればかりか、ギリシア・ポリスも根絶やしにしたのです。アレクサンドロス大王の戦争の影響は、オリエントとギリシアの両方にとって、きわめて大きかったのです。

ペルシア戦争とは何だったのか――錯覚が動かした歴史

私個人は、ペルシア戦争が世界史上大変重要な戦争であるとも、アケメネス朝ペルシアが敗北したとも考えていません。それは、この大帝国にとっては、西端で生じた小さな戦争であり、将来にさほど大きな影響を及ぼす出来事ではなかったと考えているからです。

しかし、ヨーロッパ人に与えたインパクトは大きかったのです。ヘロドトスは、ペルシア戦争は自由のための戦いであるという意識をギリシア人に植えつけました。その後のヨーロッパ人も、同じように考えたのです。それは、明らかに錯覚でしたが、その錯覚が歴史を動かしたのです。

ここで私たちが注意しなければならないのは、「自由」という言葉の意味内容です。その前提には、ヨーロッパ人こそが自由の担い手であり、オリエント、さらにはおそらくアジアには自由はないという発想が、ヨーロッパ人のあいだに染みついているのではないかということです。ヨーロッパの偉大な思想家たちは、そのような前提に立って「自由」について考え、書いてきたのです。

しかし、本来ならばきわめて疑わしい前提に立っているということを、私たちは認識しなければならないのです。

ヨーロッパ人のいう「自由」とは、彼らにとってかなり都合の良い観念であり、それを生み出すきっかけとなったのが、ペルシア戦争だといえましょう。

3. 地中海文明の終焉――防げなかった衰退

「先進地域イタリア」という誤解

ヨーロッパの歴史を少しでもかじった人なら、古代から中世まではイタリア経済が繁栄していたのに、近世になると衰退し、一八世紀後半にイギリスが産業革命を起こした頃には、イタリアは後進地域になっていたことはご存じでしょう。それは、いったいどうしてなのでしょうか。

イタリアの貿易において、ジェノヴァとヴェネツィアがしのぎを削っていたのはよく知られています。香辛料貿易で、ジェノヴァ人やヴェネツィア人は巨額の利益を上げていました。

イタリアでは、フィレンツェのメディチ家にみられるように、金融業を営み、場合によっては国王にまで貸付をすることがありました。イタリアは、明らかに一六世紀頃まではヨーロッパの先進地帯であったのです。もし、この当時ヨーロッパで、将来、産業革命が発生するのはどこかと聞かれたなら、多くの人は「イタリア」と答えたものと思われます。

スウェーデン人の経済史の泰斗、ラース・マグヌソンという研究者は、フィレンツェやヴェネツィアのような都市国家は、昔から工業が繁栄しており、すでに一三世紀において、フィレンツェには産業革命が開化するために必要な条件がほとんど揃っていたと言います。

毛織物産業が発展し、皮革の生産・なめし他の生産分野においても、裕福な商人によって前貸問屋制工業に資金が提供され、組織化されていました。一三世紀初頭のフィレンツェは、キリスト教世界最大の都市であったのです。だから、産業革命までの道は、あと一歩だったとマグヌソンは言います。

しかし、イタリアは結局のところ没落しました。その理由としてマグヌソンは、イタリアは都市国家であったため、国家の力が小さく、国家が経済に介入して経済成長を達成するということができなかったからだと言います（ラース・マグヌソン著、玉木俊明訳『産業革命と政府――国家の見える手』知泉書館、二〇一二年、参照）。

ヨーロッパで主権国家が誕生すると、国家はときには武力を用いて市場を保護し、市場活動を円滑にすることに成功します。都市国家の規模をあまり出ないイタリアには、そのようなことは不可能でした。一九世紀に至るまで主権国家を形成できなかったイタリアは、アルプス以北の国の軍事的餌食になったと言われています。

たしかにそういう面もあったでしょう。しかしここでは、それとは違う側面を取り上げてみたいと思います。

そもそもイタリアは、本当に先進的だったのでしょうか？

未熟な金融、木材不足、輸送コスト上昇

イタリアでは、銀行制度が発展しました。一四〇六年にジェノヴァで創設されたサン・ジョルジョ銀行が、世界最古の銀行だといわれています。

とはいえ、イタリアの銀行では、為替や貸付、投資機能が大きく発展したものの、銀行の貸し出しによって通貨供給量が増えるという信用創造制度は発展しなかったのです。今日の銀行がもつ金融仲介機能（預金者から集めた金を企業に貸し付ける制度）を有していなかったのですから、近代的な銀行とはいえないでしょう。

銀行に加えて、イタリアは海上保険業が他地域に先駆けて発展しています。しかし、その保険業も、本来必要であったはずの確率論を欠いていたため、保険料率をきちんと計算することはできませんでした。

結局のところ、通説とは異なり、イタリアの銀行業・保険業は決して近代的なものではなかったのです。言い換えるなら、イタリアの金融システムの発達は、そのままでは近代的な世界を創出することはなかったと考えられるのです。イタリアの近代性を、決して過大評価すべきではあ

りません。

しかも、地中海は古代から貿易や海運業が発展していたことが、逆にイタリアにとってマイナスに作用しました。地中海では、森林を伐採すると、ふたたび森林地帯になることはまずありませんでした。鉄製の船が出現するのは一九世紀のことですから、造船用の資材が乏しくなり、そのため海運業が衰退することになったのです。

たとえばヴェネツィアは、木材を国外から購入したり、国内で帆やマストを装備したり、完全に仕上がった船を外国から購入することを禁止していました。しかし、森林の伐採による木材不足のため、その禁止令は一六世紀末には廃止されることになったのです。

さらに、一六世紀末になると、地中海の諸国や諸都市は、北ヨーロッパの船員を雇うか、雇おうとしました。地中海は、北ヨーロッパから、人間のほかに、新しい技術も借りてくるようになったのです。ドイツのハンザ同盟でしばしば使用されていた、コッゲ船がその代表例です。もはや、地中海は造船技術の先進地域とはいえなくなりました。

また、地中海では、奴隷が櫂を漕ぐガレー船が、とりわけヴェネツィアにおいて長く使用されていたことが知られています。その漕ぎ手は、当初、囚人や捕虜、さらには奴隷だったのです。この船は、本来は賃金のいらない人々が漕ぐことによってコストを浮かしていたわけですが、自由民も漕ぎ手として使われるようになったため、輸送コストは上昇しました。

イタリアの海運業は、安価な労働力によって維持されていたにもかかわらず、その労働力の供給がストップしたので、輸送コストは上昇したはずです。

ありえなかった「産業革命」――エネルギー不足という限界

近世においては、石炭と木炭が二大エネルギー源といってよいと思います。石炭の供給地域として有名なのはイギリスであり、同国の石炭は、北海に面する諸地域に輸出されました。

イギリスの石炭は、国内で使用されるだけではなく、デンマーク（ノルウェー）、ドイツ、さらにはオランダに輸出されていました。イギリスはいわば、北海経済圏の熱源の安全弁として機能したのです。そのため北海におけるエネルギー不足は生じませんでした。

次に、バルト海地方をみてみましょう。バルト海地方は、熱源からみれば石炭地帯ではなく木炭地帯でした。そもそもバルト海地方の人口はあまり多くなかったので、石炭を使用する必要はあまりなかったと考えられます。またバルト海地方には森林資源が豊富であり、木炭が大量に利用できたのでしょう。

では、地中海はどうだったのでしょうか。地中海では、すでに述べたように、森林資源が枯渇していったので、木炭の供給は期待できませんでした。さらに、イタリアでは、石炭はほとんど生産されていなかったのです。

このように、エネルギー源に乏しかったイタリアの経済成長には、大きな限界があったと考えるべきなのです。イタリアから世界最初の産業革命が生み出されたとは、到底思われません。

食糧不足に見舞われた地中海都市

地中海は、穀物についてはもともと自給自足することができていました。しかし一六世紀末になると、地中海全域に食糧不足が発生することになります。そのため、一七世紀初頭のイタリア人商人は、外国船の進入を許すほかありませんでした。ジェノヴァ、ヴェネツィア、リヴォルノは、穀物を大量に輸出していたダンツィヒ（グダニスク）と定期的な事業関係を結ぶようになったのです。

これは、短期的な食糧不足ではなく、慢性的に食糧が不足するようになった表れだといわれています。

食糧不足は、ヨーロッパ全土でみられた現象で、人口が増加したことが原因でした。北大西洋諸国と比べると、どうも地中海諸国の方が食糧不足は深刻であったようです。

フランス人の歴史家であるフェルナン・ブローデルは、「一六世紀は都市世界に対し常に微笑んできたわけではない。食糧不足と疫病が立て続けに都市を襲った。輸送の遅さと高すぎて手の出ない値段の輸送費、収穫の不安定のために、どの都市も年がら年中食糧危機にさらされている。ごくわずかな余分な負担があれば都市は参ってしまう」と、地中海都市について述べています。

地中海では、一五七〇年頃から北ヨーロッパからの穀物輸入を余儀なくされます。オランダのアムステルダム、ポーランドのダンツィヒ、ハンブルクからの船舶数が大幅に上昇しています。その船に積載されていたのは、ポーランドから輸入した小麦でした。

このように、地中海はバルト海地方からの穀物を、しかも北ヨーロッパの船で輸入するようになるのです。もはや、イタリアの船舶は活躍できませんでした。

北ヨーロッパに完敗の海運業

北ヨーロッパから、多数の船が地中海にやってきました。しかし、地中海の船は、北ヨーロッパにはほとんど行きませんでした。これで、ヨーロッパの北と南の経済関係が逆転したことがおわかりいただけると思います。

北ヨーロッパから地中海を訪れた船舶でもっとも数が多かったのは、おそらくイギリス船であり、オランダ船がそれに続いたと思われます。ただしここでは、スウェーデン船を取り上げます。それは、私の専門分野の関係もあるのですが、スウェーデン船の活動は、この当時のヨーロッパ商業・経済のあり方を端的に示しているからです。

まず、スウェーデンは中立であり、戦争がしばしば行われていたヨーロッパにおいて、スウェーデン船は、戦時にも安心して使えたのです。

近世のスウェーデンは、ヨーロッパ有数の海運国家でした。そして、スウェーデンは、地中海へと進出します。一八世紀頃になると、地中海のさまざまな港へと、地中海の産品を運ぶトランプ海運（tramp shipping）がしばしば行われるようになります。

これはおそらく、それ以前にはイタリア船が担っていた地中海内部での商品輸送を、スウェーデン船などの北ヨーロッパ船が代替するようになったことを意味します。イタリアの海運業が、いかに衰退していたのかがおわかりいただけるでしょう。

スウェーデン船は、たとえばまずポルトガルに向かい、そこで植民地物産を積み、さらに地中海諸都市へ航海してそこで越冬し、地中海諸都市から塩を積んでスウェーデンに帰港するというケースも珍しくありませんでした。

イタリアはこのようにして、地中海内部の海運業においてすら衰退するのです。イタリア半島が統一されて一つの国家になったとしても、造船用の資材が不足していたのですから、イタリア経済の衰退は免れなかったと私は思います。

かつてイタリアは、東南アジアからエジプトのアレクサンドリアまで送られた香辛料をイタリアまで運び、そこからヨーロッパ各地に輸送していました。このように、イタリアにとって、海運業は繁栄の礎石とも言えるものだったのです。そのイタリアの海運業が衰退したことは、イタリア経済にとって致命的な出来事だったのではないでしょうか。

4. 限りなきインパクト――イスラーム台頭

イスラームの世紀と地中海

七世紀初めに突如としてイスラーム勢力が台頭し、地中海に進出します。イスラーム勢力により、ヨーロッパ史はおろか、世界史も大きな変化を経験します。それゆえ七世紀とは、「イスラームの世紀」と言えるのです。

イスラーム勢力が地中海に進出すると、それまでヨーロッパの海であったこの内海が、イスラームの海に変貌したと考えられるようになりました。このような学説を最初に提唱したのは、著名なベルギーの歴史家アンリ・ピレンヌ（一八六二～一九三五）です。

ピレンヌは、その著書『ヨーロッパ世界の誕生――マホメットとシャルルマーニュ』において、ムハンマド（マホメット）によりイスラーム世界が誕生し、イスラーム勢力によりヨーロッパ人が築いた古代地中海世界の統一性は打ち破られ、ヨーロッパ世界の中心は内陸部に移ったと主張したことで有名です。メロヴィング朝とカロリング朝には断絶があった。メロヴィング朝（四八一～七五一）では古代ローマ以来の地中海商業が続いていたが、カロリング朝（七五一～九八七）

になるとそれがついえたというのです。

カロリング朝の国王であったカール大帝（在位七六八～八一四）は、ムハンマドが地中海世界を侵略したからこそ帝位につけたのであり、まさに「ムハンマドなくしてシャルルマーニュ（カール大帝）なし」と言えたというわけです。

ローマ人の内海

地中海はバルト海と比較してはるかに大きな海であるにもかかわらず、より早く統一した商業圏を形成できたのは、メソポタミアという文明のゆりかごの地に近かったという地理的要因も考えられます。そして、フェニキア人や古代ローマ人が植民活動を行い、地中海を一つの商業圏として統一していったのです。

地中海は、まずフェニキア人によって、ついでローマ人によって開発されました。地中海は、主として彼らの商業活動によって一体性をもったと考えられます。

私は、ローマ人よりも、フェニキア人の方が重要だったと考えています。フェニキア人は、アフリカの南端を通り、アラビア半島にまで航海したとか、新世界にまで航海したということも言われています。私はそれが本当だとは思っていませんが、そのようなことは、古代ローマ人については言われたことがありません。フェニキア人がアフリカに建国したカルタゴは、ローマより強力な海運国家でした。

フェニキア人とローマ人は三度にわたって地中海の覇権をめぐって争い（ポエニ戦争、前二六四～前一四六）、最終的にローマが勝利を握り、フェニキア人がつくったカルタゴは滅亡します。カルタゴがどういう国だったのかは、フェニキア人自身がほとんど史料を残しておらず、しかもローマ人がカルタゴを滅亡したとき、完全にこの都市を破壊したこともあり、あまり多くのことはわかっていません。

ともあれ、地中海が一つの世界として形成されていきます。そもそもおそらく、アルプスを越えるよりも、地中海内部で商業活動を行う方が、容易だったからだと思われます。

古代の地中海世界は、ローマ人の内海となります。ではそれは、中世になるとどのような変貌を遂げたのでしょうか。このように、古代から中世にかけてのヨーロッパ経済の変容をみていくことは、ピレンヌテーゼが正しいかどうかということを検討するときに、欠かせない作業です。

否定されたピレンヌ史観

日本では現在もなお大きな影響力をもつピレンヌの学説は、欧米の歴史学界、さらには日本の西洋中世史家のあいだでも、もはや否定されています。現実には、地中海が完全にムスリム（イスラーム教徒）の海になったことはなく、古代からずっと、ヨーロッパ岸ではヨーロッパ人による交易が続いていたことも、明らかになっています。

イスラーム勢力によって、西欧がビザンツからも切り離された閉鎖された社会になったとは、もはや考えられてはいないのです。

しかも現実には、ムスリム商人とヨーロッパ商人による交易もありました。戦争で対立関係があったとしても、商人どうしが取引するということは、別に珍しくも何ともありません。そんなことは、古代から現代まで続いていることです。

さらに、イスラーム国家は、西欧から奴隷を輸入していました。たとえば、フランスのヴェルダンとイスラーム支配下のイスパニア（スペイン）のあいだでの奴隷貿易がそれにあたります。また、アラブ人が、ヨーロッパ人によるイタリア―プロヴァンス（フランス）間の海上交通を妨げることはありませんでした。

たしかにムスリム商人とヨーロッパ人商人による交易はありましたが、アフリカ北部が軒並みイスラーム勢力の支配下に置かれると、古代に存在していたような、地中海世界の統一性はずいぶんと弱まりました。しかし、イタリア商人とムスリム商人はやがて取引を開始します。中世のうちに、地中海での異文化間交易が始まっていたのです。
イスラームとキリスト教との商業関係は、ピレンヌが考えていたよりもずっと緊密だったのです。

異文化間交易の発展

「異文化間交易」とは、近年の歴史学界で、非常に注目されている概念です。これは、元来、一九八四年に、アメリカ人研究者フィリップ・カーティンがつくった用語です。言うまでもなく、文化の異なる人々どうしが交易をすることを意味します。異文化間交易は、かなり大きな交易になるので、必然的に国際的な交易になることが多いのです。

カーティンの研究書の出版から三〇年以上が過ぎ、今日では、異文化間交易とは、キリスト教のカトリックとプロテスタント、さらにはプロテスタントのなかでも違う宗派に属する人々の交易など、宗教だけでなく、宗派が異なる貿易を指します。

フィリップ・カーティンの影響は、じつに多くの地域に及んでいます。現在流行しているグローバル・ヒストリーの影響もあり、多国間の歴史の研究が目覚ましい勢いで進展しつつあることは、読者もご存じのことと思います。この概念は今日では、欧米のみならず日本の学界でも、かなり知られるようになっています。

そして人々が世界のあちこちに移動することは、現在の研究では、「ディアスポラ」と呼ばれます。商人が、その代表的な人たちであることは、間違いありません。ディアスポラをしても、もともとの居留地域の人々との関係は切断されず、かえって、ディアスポラをした商人集団の結束が強まるのです。

ネットワーク接合の場だった地中海

ここで地中海に話を戻しましょう。七世紀のムスリム商人の移住は、ディアスポラの一形態だということはできないでしょうか。さらに、このディアスポラによって、イスラームのネットワークは大きく拡大し、ヨーロッパ商人のネットワークと接合されたと考えるべきでしょう。

要するに、地中海は、ローマ・カトリック信徒、ビザンツ帝国（東方教会）の商人、そしてムスリムの海になったのです。このような多様な宗派による貿易が行われたことは、地中海の大きな特徴だといってよいのではないかと思います。

しかも、イスラーム勢力が大きく拡大したため、地中海は、より大きな世界とつながることになりました。アッバース朝（七五〇〜一二五八）の最盛期の支配領域は、イベリア半島から中央アジアまで及びました。地中海は、いくつもの異文化を含む交易圏を形成する、その広大なネットワークに接続されることになったのです。地中海のネットワークは、イスラーム勢力の台頭によって、むしろ大きく広がったといえます。

イスラーム教が世界宗教に

七世紀のイスラーム勢力拡大に寄与したのは、まず、ムハンマド時代（六一〇～六三二）、さらに正統カリフ時代（六三二～六六一）でした。正統カリフ時代とは、ムハンマドの後継者であるカリフが正しく選出されて、ムハンマドの教えも厳しく守られていた時代であったとされます。この時代には、イスラーム教の特徴であるジハード（聖戦）がなされ、領土が西アジアにまで広がったのです。そして、シリア、エジプト、イランを征服したのです。

正統カリフ時代には、ムハンマドの時代とは異なり、部族的な結びつきを否定しました。人間の平等を説いて、その教えが広く受け入れられたのです。ここに、イスラーム王朝は大きな変革を遂げます。しかしその一方で、アラブ人でなければ、イスラーム教徒であっても、ジズヤと呼ばれる人頭税やハラージュと呼ばれる地租を支払わなければなりませんでした。

けれども、アッバース朝になって、イスラーム王朝はさらなる飛躍を遂げます。正統カリフ時

地図２　アッバース朝の最大版図

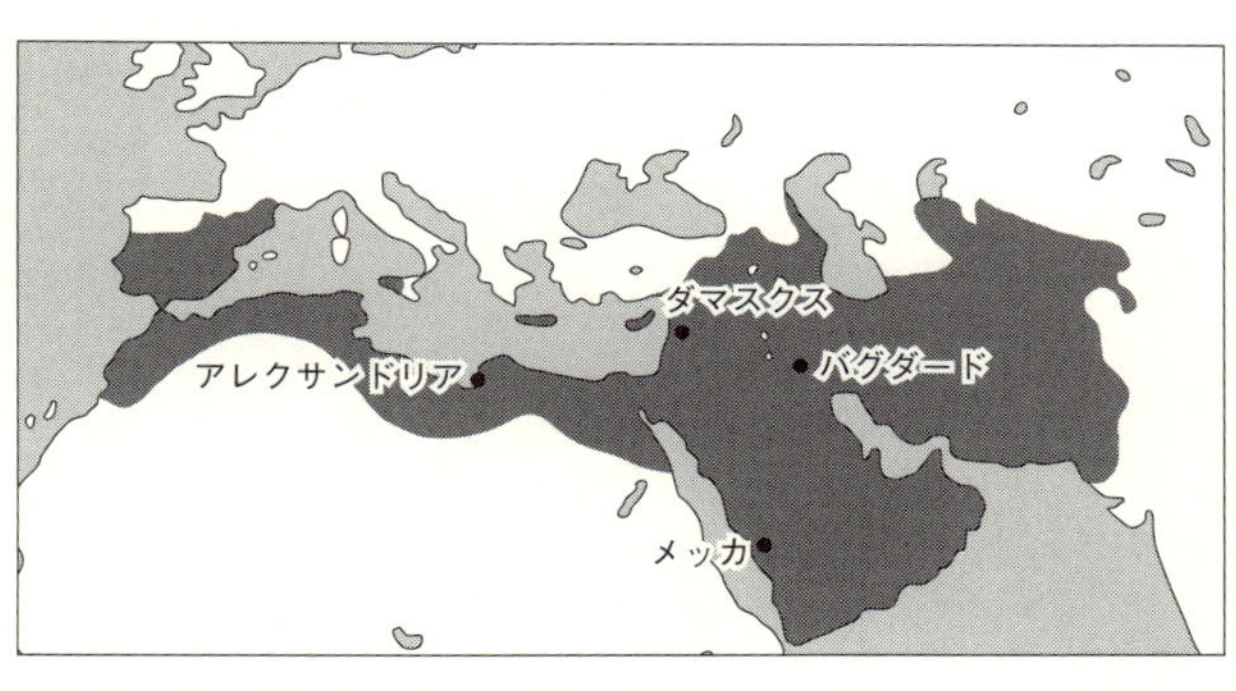

（出典）玉木俊明『ヨーロッパ覇権史』ちくま新書、2015年、89頁

代とウマイヤ朝は、「アラブ人」のイスラーム王朝でしたが、アッバース朝は、アラブ人の特権を否定したのです。非アラブ人がジズヤを支払う必要はなくなりました。

アッバース朝は、アラビア人の王朝からイスラーム教徒による王朝へと変貌しました。これは、「アッバース革命」と呼ばれます。アッバース朝の領土は、最盛期には、イベリア半島から中央アジアまで及ぶほど広大でした。

この王朝により、イスラーム教はアラブ人の宗教ではなく、民族とは関係がない、世界宗教になったのです。

圧倒されていたヨーロッパ

地中海は、いくつもの異文化を含む交易圏の一部となります。地中海のネットワークは、イスラーム勢力によって閉鎖されるどころか、逆に大きく広がったのです。ヨーロッパから中央アジアに至る世界は、一つの広大な商業空間となったということは、大いに強調すべきでしょう。

しかし、この異文化間交易圏は、強い経済的紐帯によって結合されたというのではなく、おそらく、商業的には、あまり強い結びつきではなかったと考えるべきでしょう。アッバース朝の商品がヨーロッパで、逆にヨーロッパの商品がアッバース朝で大量に出回っていたということは、聞いたことがないからです。

また、常識的に考えれば、ヨーロッパよりもアッバース朝の方が経済力が強かったはずです。ヨーロッパは、広大な異文化間交易圏の一部を構成したにすぎませんでした。

この頃の世界史は、あくまでもイスラームの台頭が目立った時代だったというべきでしょう。ヨーロッパは、長期間にわたり、イスラーム勢力に対抗することができなかったのです。

5．過大評価された「商業の復活（商業ルネサンス）」

「商業の復活（商業ルネサンス）」とは何か

ヨーロッパ史で、「商業の復活（商業ルネサンス）」と呼ばれる事象があります。

これもまた、前節と同じ、アンリ・ピレンヌという著名な歴史家の学説です。カロリング朝の時代になると、イスラーム勢力が地中海に進出したことによってヨーロッパ商業は衰えたけれども、一一〜一二世紀になると復活してくるということを意味します。

しかしながら、すでに前節で示したように、ヨーロッパの商業は、イスラームの商業と結びついていました。それによってヨーロッパ商業はむしろ強化されたと、私は考えています。ヨーロッパは、イスラーム世界との関係によって維持される経済世界を形成したということはできると思われます。

とはいえ、もう少しピレンヌの主張をみていき、ついでそれに対する反論を試みたいと思います。ピレンヌによれば、イスラーム勢力の地中海進出によって、ヨーロッパの商業活動は大きく衰えます。そして、ヨーロッパは農業中心の社会になります。遠隔地の取引はほとんど姿を消します。

ところが一一～一二世紀になると、イスラーム勢力が徐々に地中海から退いていきます。さらに、北海やバルト海では、ヴァイキングによる略奪が終焉を迎え、北海・バルト海に平和が訪れます。農業面では、二圃式農業（小麦の冬作と休閑を繰り返す農法）に取って代わり、春耕地・秋耕地・休耕地に分けて三年周期で輪作をする三圃制農業が普及し、農業生産力が向上します。

さらに、イスラームの侵入によって衰えていた地中海貿易が息を吹き返します。たとえば北イタリアのヴェネツィアやジェノヴァなどの商人がレヴァント貿易（東方貿易）を行うようになり、香辛料などをヨーロッパにもたらすようになります。さらに、北イタリア商人は、フランドル地方（現在のフランス北部、ベルギー西部、オランダ南部にあたる地域）を中心とする北ヨーロッパの諸都市との交易を開始します。

イタリアと北ヨーロッパを結ぶ内陸交通路が発達し、それに加えてフランス北東部でシャンパーニュ大市が開かれるなど、内陸諸都市が発展し、イスラームの侵入によって絶えていたヨーロッパの貨幣経済が活発になります（ただし、中世の内陸交易の量は決して多かったとは思われません。私はヨーロッパ北部と南部は、近世になって海上貿易が増加することで初めて統合された経済圏になったと考えています）。そのために商業が復活し、それに付随して都市人口が増加し、都市も復活したのです。

ヴァイキングが主役だった商業

さて、このようなピレンヌの学説は、現在の研究からみて、どこまで正しいといえるのでしょうか。すでに、地中海が完全にイスラームの海になり、ヨーロッパ商人が追い出されたという見方は支持できないことは述べました。

そもそもピレンヌはあくまでヨーロッパ史家であり、イスラーム勢力がヨーロッパに与えたポジティヴな影響には目を向けていないようです。キリスト教徒とムスリムが交易するということ自体、考えなかったのかもしれません。

さらに、ヴァイキングの商人としての役割を低く評価しているように思えてなりません。ヴァイキングは、ピレンヌの存命中には単なる略奪者のイメージしかなかったのかもしれません。しかしながら現在では、ヴァイキングとは、ロシアからイギリスに至る広大な商業ネットワークを有する商人でもあったことが、広く知られています。

考古学的発掘により、ヴァイキングが建設したさまざまな都市的遺跡が発掘されました。ストックホルムの西方約二九キロメートルに位置するビュルケ島に位置するビルカ、ユトランド半島の付け根のところにあるヘーゼビュー（ハイタブ）、イギリスのヨーク、アイリッシュ海のダブリン、フランスのルアンなどがそういう都市的集落です。

これほど広大な商業ネットワークの存在を、時代的制約は別として、ピレンヌが知らなかったという事実は、商業の復活（商業ルネサンス）という現象の前提条件が、そもそも間違っていたことを表しています。むしろ、ヴァイキングの活動があったから、北海・バルト海の商業は活発になったと考えるべきなのです。

商業は、復活したのではなく、継続していたのです。むしろ、古代ローマ世界と比べて、拡大していた可能性さえあります。ピレンヌは、明らかに間違っていたというのが、私の解釈です。ハンザ同盟は、あるいはヴァイキングの商業ネットワークを受け継いだのかもしれません。少なくとも、商業圏をみた場合、ヴァイキングの後継者は、ハンザ同盟だといえるのです。

では、地中海に関して、ピレンヌの学説はあてはまるのでしょうか。すでに述べたように、地中海がヨーロッパの海からイスラームの海に変わったわけではない以上、ピレンヌの主張はあてはまりません。もう少しいうなら、ピレンヌは、そして地中海史家は、世界史的にみた地中海の重要性を過大視しています。

香辛料貿易の主役になれなかったイタリア商人の限界

アッバース朝から地中海にまたがる大きな商業圏については、前節で述べました。アッバース朝自体は、商業の復活といわれる一一～一二世紀にはもう衰退しており、かつての面影はありませんでした。

東南アジアのモルッカ諸島でとれる香辛料は、総量はわかりませんが、すでに古代ローマ時代に、エジプトのアレクサンドリアを経て地中海に送られていました。一一世紀になってもこのルートは使用されており、インド洋から紅海を経て、アレクサンドリアに送られ、さらにそこからイタリアに輸送されました。この香辛料貿易で、イタリアは巨額の富を獲得していたとされます。

イタリアが、本格的に香辛料貿易を拡大させるのは、一四～一五世紀頃のことだと思われます。しかし、商業の復活によりイタリア都市が復活したと想定され、その要因の一つにレヴァント貿易があったうえに、中世のイタリアの繁栄には香辛料貿易があったのですから、ここで香辛料貿易について言及しておくべきでしょう。

香辛料貿易で、イタリア商人は大きな利益を獲得しました。しかし、この貿易については、イタリア商人の輸送するルートが、アレクサンドリアからイタリアないし地中海にほぼ限定されており、東南アジアからインド洋、さらには紅海を通るときに難破する危険性を回避することがで

地図3　香辛料貿易の主要ルート

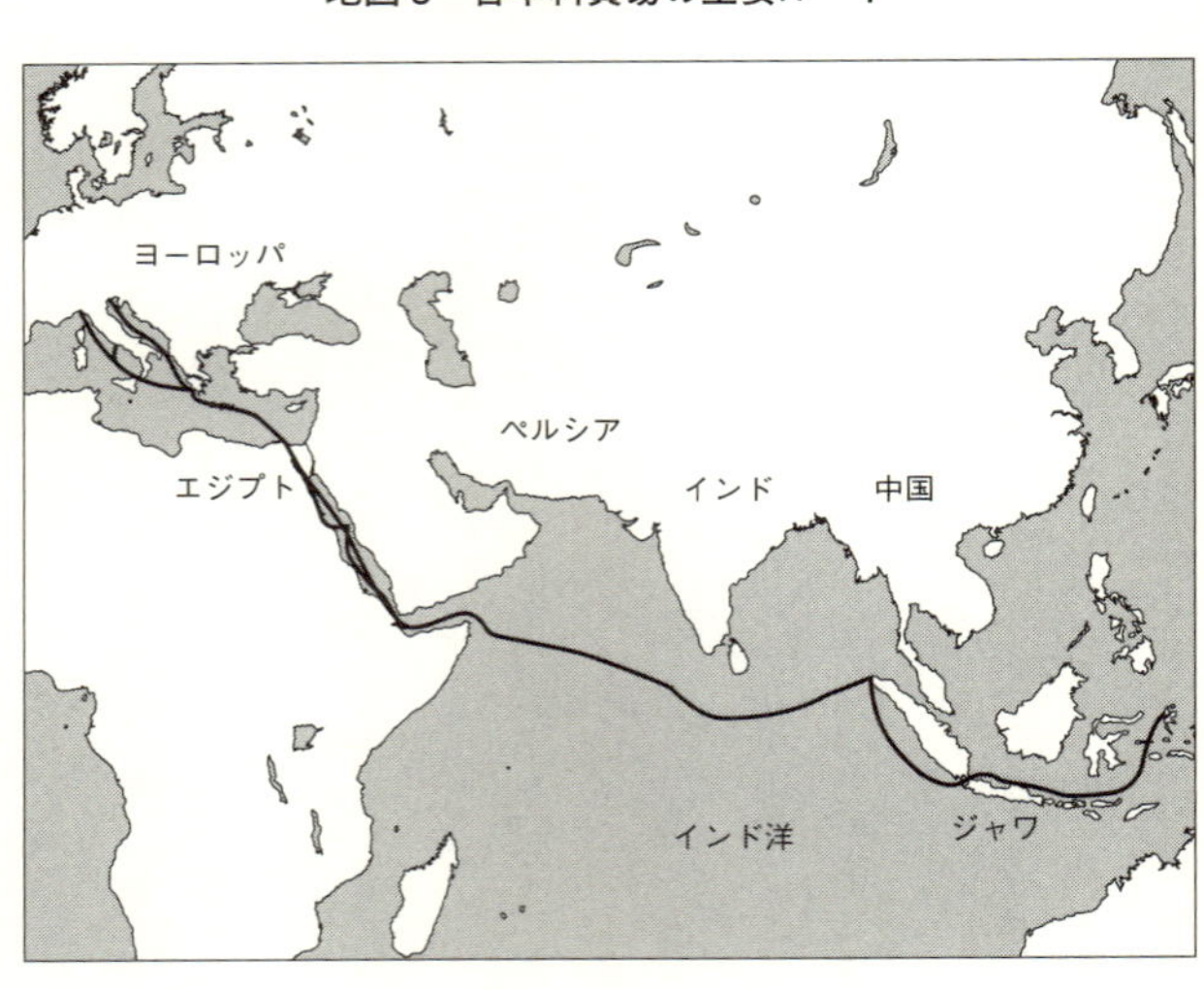

きたという点は、考慮に入れなければならないでしょう。

　地図3は、東南アジアからの香辛料貿易の主要ルートを示したものです。この地図をご覧いただければ、全ルートのなかで、イタリアが占める小ささがご理解いただけるものと思います。

　少なくとも貿易の距離からみて、イタリアが香辛料貿易で重要な役割を果たしていたとは思われないのです。イタリアは、ヨーロッパにとっては重要であったかもしれませんが、香辛料のルート全体からみれば、大した役割は果たさなかったといえるのではないでしょうか。

　この時代よりもあとのことになります

が、ヨーロッパにとって、レヴァント貿易とは、あくまでオスマン帝国との貿易であり、東南アジアとの貿易は指しません。ここからも、イタリアの直接の取引相手は、決して東南アジアではなかったことがわかります。ヨーロッパ人が、直接東南アジアと取引できるようになるのは、一六世紀を待たなければなりませんでした。

異文化間交易から商業の復活（商業ルネサンス）をとらえなおそう

一一～一二世紀のヨーロッパで、香辛料が少なくとも富裕者階級に属する人々のあいだでは重要だったという前提で話を進めます。

香辛料は、東南アジアから、イタリアまでやってきました。このルートでもっとも長距離の貿易を担ったのは、おそらくムスリム商人だったでしょう。ヨーロッパ商人の占める割合は、かなり小さかったのです。

商業の復活は、こういう状況で生じたことを忘れてはいけません。

ヨーロッパ商業は、北海・バルト海はハンザ商人、地中海はイタリア商人によって、たしかにそれ以前よりは盛んになったでしょう。しかし、以前の時代との連続性は、おそらくピレンヌが主張するよりもはるかに強かったのです。

しかも、東南アジアからヨーロッパ北部に至る商業圏がつくられ、そのなかで、ヨーロッパの商業圏はあまり大した役割は果たさなかったと考えるべきでしょう。この交易圏がはたして世界経済にとってどれほど重要だったのかは、今後の研究課題です。しかし明らかに、この交易圏で、イタリア人が大きな地位を占めたということはありえません。

巨大な異文化間交易圏の形成によって商業の復活がもたらされました。そして、この交易圏においてヨーロッパの占める役割の小ささにこそ、世界史という観点から、われわれが目を向けなければならないのだと思います。

ただし、また商業の復活以降、ヨーロッパは徐々に経済力を強めていったことも事実です。そのスピードはじつにゆっくりとしたものであり、ヨーロッパがアジアよりも経済的に優位に立ったと言ってもよい時期は、おそらく一八世紀後半のことでした。

それは、商品がこの異文化間交易圏を東から西ではなく、西から東へと向かうことによって可能になりました。言い換えれば、香辛料がヨーロッパに輸送されるルートがそもそも存在したからこそ、そのルートを利用し、ヨーロッパの台頭が実現したのです。

第　二　章

逆転の世紀

豊かなアジアを追い越すヨーロッパ

1. 大航海時代の正体
――大西洋奴隷貿易はどうやって形成されたのか

始まりはレコンキスタ？

大航海時代はなぜ始まったのでしょうか。

実は、この問いに答えることはかなり難しいのです。「答えはない」というのが、現状でしょう。しかしそんなことを書くと身も蓋もないし、そもそもどんな問いにだって、明確な答えはないのがふつうでしょう。ここでは、私なりの仮説を提示しましょう。

すでに述べたように、非常に長期間にわたり、ヨーロッパは、イスラーム勢力に取り囲まれていました。アジアからの多くの物産は、ムスリム商人の手を経なければ入手できませんでした。ヨーロッパ人は、知的、政治的、そして経済的に閉ざされた空間のなかで生きていたといえるでしょう。

だからこそ、アジアやアフリカのどこかにキリスト教国の王がいて、イスラーム教徒に勝利をおさめたというプレスター・ジョン伝説がまことしやかにささやかれたのでしょう。

ヨーロッパ人は、自分たちの弱さを自覚していたのです。

ヨーロッパ人の無知を世間に周知させたのは、十字軍運動でした。聖地イェルサレムをイスラーム教徒の手から奪回するという当初の野心がもろくも崩れ去ったことで、みずからの無力さを痛感したことでしょう。しかしその一方で、イスラーム教徒をヨーロッパから追放するという動きも強まりました。それに、少しずつ成功していったのです。

その典型的な例が、イベリア半島のレコンキスタ（再征服運動）です。七一一年にウマイヤ朝がイベリア半島に侵入しました。長期的には、この頃からレコンキスタが始まります。そして、一四九二年、スペイン軍によってグラナダが陥落し、ナスル朝が滅亡したことで、レコンキスタが完了します。

大航海時代は、レコンキスタと不即不離の関係にあったといってよいでしょう。むしろ、レコンキスタがいつの間にか大航海時代へと変貌したという方が、実態に近いのではないでしょうか。

船が苦手な「航海王子」――ポルトガルの対外的発展

レコンキスタの主役はスペインでしたが、当初、ヨーロッパ外世界への発展を牽引したのは、ポルトガルでした。

この発展の中心人物となったのは、読者もご存じのエンリケ航海王子（一三九四～一四六〇）でした。「航海王子」と言われていますが、船酔いのため船に乗ることが難しかったのは、有名な話です。

レコンキスタの延長線上として、ポルトガルは、アフリカ西端にあるセウタを一四一五年に獲得します。

これは、古代ローマ時代を除くなら、ヨーロッパが最初に獲得したヨーロッパ外の植民地です。一般には、このセウタの植民地化が、ヨーロッパの帝国主義の始まりだといわれます。

では、なぜ、ポルトガルは海路アフリカに向かったのでしょうか。

実はヨーロッパ人は、サハラ砂漠南側のギニアからムスリム商人の手を経て、金を入手していました。この状況を打破し、直接ギニアから金を入手することが、ポルトガルの目的だったのです。

ポルトガルは、一四四四年に海路サハラ砂漠の南に位置するギニアに達しました。そのため、イスラーム教徒によるサハラ砂漠縦断交易に依存することなく、直接アフリカ南部の金を入手できるようになったのです。

これは、基本的には沿岸航海によって成し遂げられました。したがってこの動きと、新世界やアジアへの進出を中心とする大航海時代とは、別物だと言わざるを得ません。大航海時代は、アフリカ大陸西岸交易の発展を基盤として、いつの間にか始まったというのが実情でしょう。しかし遅くとも、一四八八年にバルトロメウ・ディアスが喜望峰を発見したときには、すでに大航海時代に突入していたというべきでしょう。

商人がリードした大西洋貿易

次ページの表1は、大西洋における船舶による奴隷の輸送数を示したものです。一六世紀においては、スペインによる輸送数も多いのですが、ポルトガルによる輸送がもっとも多いことが示されています。さらに表2をみますと、その多くは、ポルトガルの植民地であったブラジルではなく、スペイン領アメリカに送られています。

一六世紀のブラジルでは、砂糖プランテーションはまだまだ発達していませんでした。そうすると、西アフリカの黒人は、スペイン領アメリカに、スペイン船のみならずポルトガル船で送られたと考えるべきでしょう。この時点では、国家ではなく、商人がみずから組織して商業活動を行っていた証拠だと思われます。

おそらく、ギニアからの金輸入においても、ポルトガル商人とスペイン商人は協同していたこ

（単位：人）

	合衆国	フランス	デンマーク／バルト海地方	合計
	0	0	0	13,363
	0	0	0	50,763
	0	66	0	61,007
	0	0	0	152,373
	0	0	0	352,843
	824	1,827	1,053	315,050
	0	7,125	653	488,064
	3,327	29,484	25,685	719,674
	3,277	120,939	5,833	1,088,909
	34,004	259,095	4,793	1,471,725
	84,580	325,918	17,508	1,925,314
	67,443	433,061	39,199	2,008,670
	109,545	135,815	16,316	1,876,992
	1,850	68,074	0	1,770,979
	476	0	0	225,609
	305,326	**1,381,404**	**111,041**	**12,521,336**

とでしょう。もちろん、彼らが輸入するもののなかには、黒人奴隷も含まれていたはずです。

したがって、西アフリカの黒人奴隷をヨーロッパまで輸送する技術はすでにポルトガル商人に蓄積されていたばかりか、スペイン商人がそれに協力しており、そして大西洋奴隷貿易においては、彼らが協力して、奴隷を輸送し、スペイン領南米の鉱山で労働させたと推測できるのです。

しかし、鉱山での労働は、

表1 大西洋における奴隷の輸送数（船舶）

	スペイン／ウルグアイ	ポルトガル／ブラジル	イギリス	オランダ
1501-25	6,363	7,000	0	0
1526-50	25,375	25,387	0	0
1551-75	28,167	31,089	1,685	0
1576-1600	60,056	90,715	237	1,365
1601-25	83,496	267,519	0	1,829
1626-50	44,313	201,609	33,695	31,729
1651-75	12,601	244,793	122,367	100,526
1676-1700	5,860	297,272	272,200	85,847
1701-25	0	474,447	410,597	73,816
1726-50	0	536,696	554,042	83,095
1751-75	4,239	528,693	832,047	132,330
1776-1800	6,415	673,167	748,612	40,773
1801-25	168,087	1,160,601	283,959	2,669
1826-50	400,728	1,299,969	0	357
1851-66	215,824	9,309	0	0
合計	**1,061,524**	**5,848,265**	**3,259,440**	**554,336**

（出典）http://www.slavevoyages.org/tast/index.faces

長期的にみた場合、奴隷がする主要な労働ではなかったのです。

ふたたび次ページの表2をご覧ください。この表からわかるように、奴隷貿易については、一六世紀はスペイン領アメリカの時代、一七世紀の第3四半期まではブラジルの時代、一八世紀はイギリス領カリブ海の時代であったといえましょう。

おそらく一六～一七世紀は国籍にあまり関係なく、商人が自由に活動していた時代

（単位：人）

デンマーク領西インド	スペイン領アメリカ	ブラジル	アフリカ	合計
0	12,726	0	0	13,363
0	50,763	0	0	50,763
0	58,079	2,928	0	61,007
0	120,349	31,758	0	152,373
0	167,942	184,100	0	352,843
0	86,420	193,549	267	315,050
0	41,594	237,860	3,470	488,064
22,610	17,345	294,851	575	719,674
10,912	49,311	476,813	202	1,088,909
5,632	21,178	535,307	612	1,471,725
21,756	25,129	528,156	670	1,925,314
43,501	79,820	670,655	1,967	2,008,670
19,597	286,384	1,130,752	39,034	1,876,992
5,858	378,216	1,236,577	111,771	1,770,979
0	195,989	8,812	20,332	225,609
129,867	**1,591,245**	**5,532,118**	**178,901**	**12,521,336**

だったと思われます。そして一八世紀になると、国家が貿易をより強固に管理する時代になったと考えます。

そもそも英仏の新世界植民地獲得戦争が主として一八世紀の出来事であることを考えるなら、その影響が商人のネットワークに及ばなかったはずはありません。国家は、軍艦を建造し、商人の活動を保護するようになります。一六世紀には、国家の影響がみられなかったというわけではありません。それは、徐々

表２　奴隷上陸地域

	ヨーロッパ	北米大陸	英領カリブ海	仏領カリブ海	蘭領アメリカ
1501-25	637	0	0	0	0
1526-50	0	0	0	0	0
1551-75	0	0	0	0	0
1576-1600	266	0	0	0	0
1601-25	120	0	681	0	0
1626-50	0	141	34,045	628	0
1651-75	1,597	5,508	114,378	21,149	62,507
1676-1700	1,922	14,306	256,013	28,579	83,472
1701-25	182	49,096	337,113	102,333	62,948
1726-50	4,815	129,004	434,858	255,092	85,226
1751-75	1,230	144,468	706,518	365,296	132,091
1776-1800	28	36,277	661,330	455,797	59,294
1801-25	0	93,000	206,310	73,261	28,654
1826-50	0	105	12,165	26,288	0
1851-66	0	476	0	0	0
合計	**10,798**	**472,381**	**2,763,411**	**1,328,422**	**514,192**

（出典）http://www.slavevoyages.org/tast/assessment/estimates.faces

に強まっていったというのが、実態に近いでしょう。

「砂糖の帝国」ポルトガル

大西洋貿易の主役はイギリスであったと、以前は思われていました。いまでも、多くの人はそう考えているでしょう。奴隷貿易数はイギリスがもっとも多く、だからこそイギリスが大西洋貿易の中心であったと推測されていました。

しかし、現実には、イギリスの奴隷貿易が他国よりも多かったのはおおむね一八世紀のことにすぎず、ほとんどの期間においては、ポルトガルがどの国よりも多くの奴隷を輸送していたばかりか、ポルトガル領のブラジルこそ、奴隷が上陸する地域としてもっとも重要であったのです。

すなわち、大西洋経済では、北大西洋ではなく南大西洋の貿易の方が重要であり、その中心は、西アフリカから輸送される黒人奴隷が砂糖を生産するということであり、奴隷輸送数がもっとも多かった国はポルトガルだったのです。

しかも、ポルトガルが果たした役割はそれにとどまりません。ポルトガル領ブラジルには、多数のセファルディム（イベリア半島を追放されたユダヤ人）が移住しました。

ブラジル領の一部が一時的にオランダ領になると、一七世紀中頃、オランダのセファルディムがそこに移住します。そしてポルトガルから渡ったセファルディムがオランダから来たセファルディムに砂糖の製法を教え、それがオランダ領西インド諸島に伝わります。さらにそれは、イギリス領とフランス領の西インド諸島にも伝播します。

すなわち、新世界で大量に砂糖が生産されるようになったのは、ポルトガルの砂糖生産方法が、西インド諸島にまで伝わったからなのです。

いくつかの国からなる大西洋貿易帝国は、砂糖の帝国だったといってよいでしょう。

2. 近代世界システム——ヘゲモニー争奪戦の真実

他国の成果をうまく利用したイギリス

近代世界はどのようにして誕生し、どういう機能を有しているのでしょうか。そのような疑問に対して、世界を全体として見る視座を提供したのが、アメリカの社会学者イマニュエル・ウォーラーステインです。彼が一九七四年に提唱した「近代世界システム」は、賛否両論があるとはいえ、いまなお大きな影響力があります。ウォーラーステインの近代世界システムのもとになっているのは、国際分業体制です。

アジアやアフリカの国々は、ヨーロッパやアメリカの先進国に原材料を輸出し、先進国がそれを工業製品にして、反対にアジアやアフリカに輸出していましたし、現在もそういう面がありま す。そのため、アジアやアフリカは工業化ができず、低開発となるとウォーラーステインは主張したのです。

ウォーラーステインが唱える近代世界システムでは、工業、商業、金融業の三部門で他を圧倒するような経済力をもつ「ヘゲモニー国家」があります。それは「中核」と呼ばれ、強大な権力をもち、周辺諸国を収奪します。中核と周辺のあいだには一種の緩衝地帯である、半周辺が位置します。このようなシステムが、一六世紀中葉のヨーロッパで誕生し、やがて世界を覆いつくしたというのです。

ウォーラーステインによれば、ヘゲモニー国家はこれまで三つしかありませんでした。一七世紀中頃のオランダ、一九世紀終わり頃から第一次世界大戦勃発頃までのイギリス、第二次世界大戦後からベトナム戦争勃発の頃までのアメリカです。

私自身は、工業、商業、金融業の重要性は時代によって異なり、この三つの分野で支配的でなくても「ヘゲモニー国家」はあると思うのです。しかし、この三国がヘゲモニー国家であったことは、事実だと考えています。

さて、ここで議論の対象にするのは、オランダからイギリスへのヘゲモニーの移行です。オランダのヘゲモニー獲得のためには、バルト海地方から輸出される穀物をヨーロッパの多くの地域に輸送することが重要でした。バルト海貿易は、オランダの「母なる貿易」と呼ばれていました。

ということは、オランダのヘゲモニーは、あくまでヨーロッパ内部に限定されていたということでもあります。そして、そのシステムが、やがて世界に拡大され、ヘゲモニー国家となったイギリスは、文字通りの世界的な帝国になっていました。

では、オランダからイギリスへのヘゲモニーの移行はどう考えるべきなのでしょうか。実は、それには、オランダ自体と、ポルトガルが大きく貢献したと考えられるのです。イギリスは、すべてをみずからの力で勝ち取ったのではなく、他国の成果をうまく利用できたからこそヘゲモニー国家になることができた。それが私の考えです。

第二次百年戦争は新世界市場の争奪戦

現在の研究では、近世のオランダは地方分権的国家であり、中央政府が商人の動きをコントロールできるほどの権力はもっていなかったとされています。そのため、さまざまなタイプの商人がオランダ、なかでもアムステルダムに流入したことは、オランダのヘゲモニー獲得に大きく寄与しました。

しかし、それはマイナス面ももっていたのです。アムステルダム商人は、国外に投資先を求めました。オランダの利子率が他国と比較して低かったからです。そのためオランダ人は、有利な投資先を求めて、外国、とくにイギリスに投資したのです。

一七二〇年に起きたイギリスの南海泡沫事件（South Sea Bubble、イギリスの南海会社の株が急騰し、その後急落した事件、一四二頁参照）以前には、オランダはイギリスだけでなくフランスにも投資していたのですが、この事件以降、オランダの投資は、もっぱらイギリスに向かうようになったといわれています。オランダ人は、外国人として、イギリスの国債を購入した最大の集団でした。

イギリスは、名誉革命が発生した一六八八年から、ナポレオン戦争が集結した一八一五年まで、フランスとは戦争状態にありました。この戦争は、第二次百年戦争ともいわれます。世界中のマーケットをフランスと争いますが、最大のマーケットは新世界でした。つまり、第二次百年戦争とは、新世界市場の争奪戦だったということさえできるのです。

イギリスは戦争遂行のために国債を発行し、オランダ人はその国債を購入しました。要するに、最初のヘゲモニー国家オランダが、次のヘゲモニー国家イギリスの誕生を促進したのです。

伸び悩んだ世界最初の海洋帝国ポルトガル

イギリスは世界史上最大の海洋帝国でした。それに対し、史上最初の世界的海洋帝国は、ポルトガルでした。地図4、5をご覧ください。ポルトガルの植民地は、ブラジルが圧倒的に大きいとはいえ、アフリカにもたくさんあり、さらにアジアにも存在していました。

それに対しオランダは、植民地はアジアが大半であり、あまり広くはなく、しかもインドネシ

地図4 ポルトガル海洋帝国

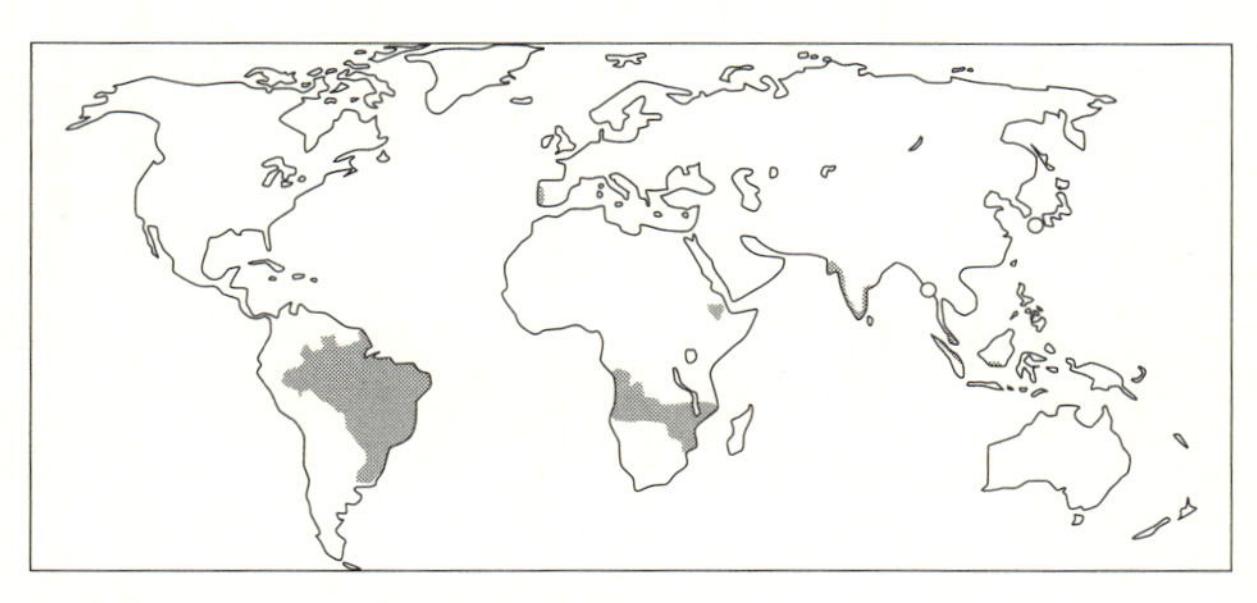

（出典）玉木俊明『海洋帝国興隆史』講談社選書メチエ、2014年、39頁

地図5 オランダ海洋帝国

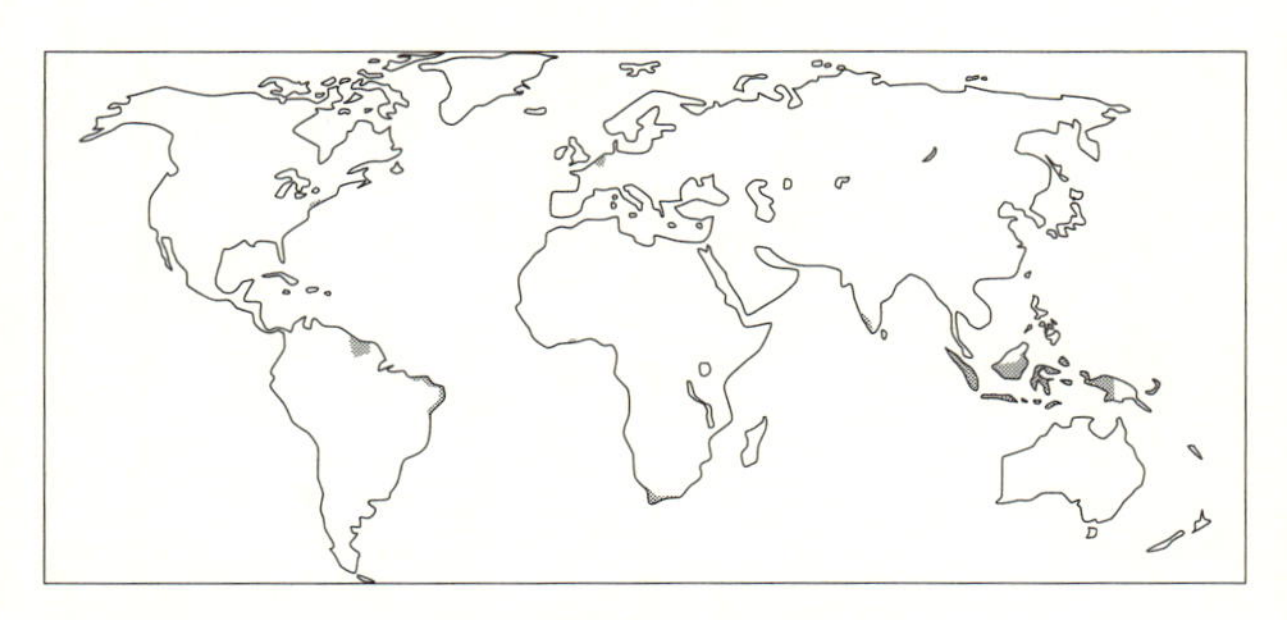

（出典）玉木俊明『海洋帝国興隆史』講談社選書メチエ、2014年、40頁

アの輸出品であった砂糖は、アジア域内で消費されたといわれています。

ポルトガルの植民地は、同じような緯度にあり、地図ではピンクに塗られていたので、ピンクゾーンと呼ばれます。

ポルトガルは、ヨーロッパ諸国に先駆けて、武力によってアフリカやアジアの諸地域を征服します。そのため、ポルトガルは国家が先頭に立って商業を強化した国家だと思われていました。たしかに、ポルトガル人は、武力を用い、アジアでどんどん植民地を獲得していきました。しかし、現在のポルトガルの研究動向では、ポルトガルの海外発展は、国王の命令によってなされたというよりも、商人がみずから組織化して外洋に乗り出していったために生じたといわれます。

国家の役割の重要性を否定することはできません。しかしながら、ポルトガルは小さく、国王の権力は限られていたこともまた事実です。王室も、政治力はあまりなく、財政的に安定していませんでした。したがって、自国の意思を示す制度的・行政的手段を欠いており、効率的に海外帝国統治をすることはできなかったのです。

ポルトガル海洋帝国は、国家の力が弱い、商人の帝国でした。そのため、海外領土が征服されたとしても、ポルトガル商人の影響力は依然として残ったのです。実際、一八世紀末に至るまで、ポルトガル語は、ヨーロッパの言語のなかで、アジアでもっとも頻繁に話される言語であったといわれています。

ポルトガルなくしてイギリス帝国なし

イギリスは、大西洋貿易において、綿織物の生産に成功しました。それが、アジアでも販売されるようになっていったのです。そのために、インド経済は徐々に弱体化します。

イギリスは、国家の力によって大きく領土を拡大しただけではなく、大艦隊を有し、その力で、植民地を保護しました。その帝国の有り様は、自発的な商人のネットワークを中心とするポルトガルのそれとは大きく違っていたのです。

イギリスは、マラッカの一部やシンガポールなど、ポルトガル海洋帝国のいくつかの領土を自国領にしました。そして、ポルトガルが開拓した航路を使い、イギリス船を航海させました。さらにイギリスが金本位制を採用したのは、一七〇三年にポルトガルと結んだメシュエン条約の結果、ブラジルの金がイギリスに流入したからです。ポルトガルがなければ、イギリスの金本位制はありえませんでした。

「ポルトガルなくしてイギリス帝国なし」といっても過言ではないでしょう。

オランダとポルトガルのおかげ――イギリスのヘゲモニー

最初のヘゲモニー国家であったそのオランダがイギリスに投資したからこそ、イギリスはヘゲモニー国家になれたのです。

また、ポルトガルがいたからこそ、イギリスはアジアに進出できたわけですし、新世界で砂糖の生産に成功したのです。

イギリスが世界帝国となり、ヘゲモニー国家となれたのも、この二国のおかげといえましょう。この二国を利用して、イギリスは世界史上最大の帝国となりました。

イギリスは、決して自生的に経済成長できた国ではなかったのです。

3. 歴史を変えた「大分岐」を探せ
——アジアが成長できなかった理由

「たまたま」が歴史を左右？

「アジアはヨーロッパよりも、有史以来ずっと遅れていた」

それが、長いあいだ、歴史家に根ざした考え方でした。たとえばカール・マルクス（一八一八～八三）は、「アジア的生産様式」と言い、ヨーロッパが進歩するのに対し、アジアはまったく変わらないという考えを表明しました。

中国、東南アジア、インドなどの経済成長を目の当たりにしている私たちは、このような考え方が、現在では時代遅れになっていると感じています。

しかしまた同時に、ヨーロッパが、アジアよりも経済的にはるかに先んじた時代があったのも事実です。では、それはいつ起こったのでしょうか。

実は、現在の経済史学界では、このような疑問が論争の種になっています。きっかけは、二〇〇〇年に発表されたケネス・ポメランツの『大分岐——中国、ヨーロッパ、そして近代世界経済の形成』（川北稔監訳、名古屋大学出版会、二〇一五年）でした。

ポメランツの考えでは、西欧と中国の揚子江流域、日本（畿内・関東）は、平均寿命・一人当たり綿布消費量・識字率など主要な点で、ほぼ同様の経済状態にありました。しかし、一七五〇年頃から、イギリスでは国内の石炭が利用でき、それから大西洋経済を発展させることができたので、資源集約的で労働節約的な（つまり機械を使用する）経済成長を遂げることができたというのです。

近代的な経済成長とは、技術革新を前提とし、持続的な経済成長がある世界です。そのような世界へと変貌できたのがヨーロッパであり、できなかったのがアジアだということになるでしょう。それは、石炭という資源と新世界が、「たまたま」発見されたからだというのです。

一面的な大分岐論――ファン・ザンデンの知識社会説

ポメランツの議論を皮切りにして、いくつもの書物や論文が出版されました。ポメランツのように、アジアとヨーロッパは同じような経済状態にあったが、近世のどこかの時点でヨーロッパが大きく経済成長をしはじめたと言う研究者もいれば、そもそもヨーロッパの方が昔から豊かだったのだと言う研究者もいました。しかし総じていえば、前者の方が多いように思われます。

そして欧米人の特徴は、何か一つの指標を決めて、その指標だけにもとづいて議論をすることにあります。しかし言うまでもなく、指標が変われば結論も変わります。彼らの研究手法を使えば、いくつもの角度からたくさんの論文が出て、業績が増えます。しかしながら、それで歴史学の実体は豊かにはなっていないような気がするのです。

歴史学は、そんなに単純な学問ではありません。ここでは、わずかですが、「大分岐」を扱った代表的な作品を紹介しましょう。

アメリカ人の経済史家モキアは、「有用な知識（useful knowledge）」という概念を提唱します。一七世紀の科学革命が産業革命に役立つためには、科学革命の成果を現実の社会に活かすことができるようなネットワークが必要であり、ヨーロッパ経済の発展は、新しい技術的思考だけではなく、社会全体が大学、出版社、専門家の団体などの力でそれを有効に活用できるようになったからこそ実現できた、と言います。

この議論を受けて、オランダ人であり、経済史家として世界でもっとも生産力の高いヤン・ライテン・ファン・ザンデンは、一五二二年から一六四四年にかけて、西欧の書物生産量は約三五七〇タイトルであり、それは同時代の中国に関するもっとも高い推計値よりもおよそ四〇倍も多かったと主張しました。清では、一六四四年から一九一一年にかけては、一二万六〇〇〇部の新版が出版されています。

これは年平均に換算すると、新版数は四七〇となります。それは、ヨーロッパの一六四四年の六千タイトルと比べて、はるかに少なかったのです。なお、日本の場合、出版点数は、一七二〇年代から一八一五年にかけては、年平均で約三〇〇点でした。

西欧の出版点数は、清や日本のようなアジアの諸国と比較して、はるかに多かったのです。しかも、印刷術の改良により、書物の価格は安価になりました。要するに、西欧の知識社会はアジアよりも大きく進んでいたというのです。もちろん、そのような社会は、現実に役立つ情報を提供したと、彼は主張します。

日本人の目には、この主張はどのように映るでしょうか。この時代の識字率はおそらく日本の方が高く、江戸時代、日本人は中国からの農書を中国人の手を借りることなく読解し、それにより、日本の農業技術は向上したと考えられます。しかしそういうことは、ファン・ザンデンの手法ではまったく考慮されません。

しかも彼は、たった一つの指標からヨーロッパの方がアジアよりも進んだ知識社会だったと言うのです。

困ったことに（私はこういう単純な歴史学は好みません）、このような論文を書いた方が、欧米の著名な経済史の雑誌には掲載されやすいのです。しかし彼らの単純な議論にはついていけないことがあるというのが、私の率直な感想です。

インドが成長できなかった理由？――パルタサラティが重視した技術とエネルギー

インド史家パルタサラティは、ファン・ザンデンよりはるかに実証的な書物を上梓しました。そのタイトルは、『ヨーロッパが豊かになり、アジアがそうならなかったのはなぜか？』というものです。これで、より複雑な構成をもつ「大分岐」論を展開するようになったのですが、ここにも一つの指標だけをもとに論を組み立てるという欧米人によくある単純化が見て取れます。

パルタサラティは、中国ではなくインドを取り上げます。簡単にヨーロッパとアジアの比較と言いますが、ヨーロッパと比較してアジアは大変に大きく、アジアのどこと比較するかで、結果がかなり異なってきます。したがって、かなり恣意的な比較にならざるを得ないように思われるのです。

ともあれ、彼によれば、一七〜一八世紀において、ヨーロッパとインドは同じような経済成長をしていたとのことです。また、ヨーロッパの優位は、市場、合理性、科学、制度などにはなく、しばしばいわれることとは反対に、カースト制度は一八〇〇年までは決して強くはなく、この制度が経済成長の妨げになったとは考えられないということです。パルタサラティの考えでは、技術面での変化こそ、インドとヨーロッパの運命を分けたのです。

そのため、彼は、インドとイギリスを比較します。比較の対象は、綿織物です。綿織物は、圧倒的にインドのキャラコがすぐれていましたが、最終的には、イギリスがこの商品のマーケットで勝利します。

イギリスは、二つの強い圧力を受けていたといいます。まず、インドとの綿織物の競争です。綿織物とは、アメリカから日本に至る世界各地で消費される商品であったばかりか、貿易面でもっとも重要な商品であったといいます。インドとの競争に勝つために、イギリスはインド綿の真似をし、さらには紡績機を発明したのです。

このように、インドとの綿織物市場をめぐる競争に勝利したことが、「大分岐」の大きな要因となったと、パルタサラティは論じます。インドのみならず、オスマン帝国でも、イギリスの綿織物はインドに勝利しました。さらに、イギリスは、大西洋岸のいくつかの地域でも、綿を販売したのです。

パルタサラティによれば、イギリスが勝利したもう一つの要因は、石炭の開発でした。周知のように、近世のイギリスでは、森林資源の枯渇（deforestration）が発生していました。彼は、それが、鉄を熔解し、蒸気機関を発展させる引き金となったと言うのです。それは最終的に、鉄道や蒸気船などの新しい輸送手段を生み出したと言います。

決め手を欠く欧米人の議論

まず、ポメランツの論を検討しましょう。たしかにイギリスには大量の石炭がありましたが、イギリスの石炭を使ったのはイギリス人だけではありませんでした。

彼の議論は、「イギリスの産業革命は、イギリスに石炭があったから可能になった」という意味での一国史観にすぎないといえましょう。

しかも、すでに述べましたが、大西洋貿易に参加していた国として、オランダ、スペイン、ポルトガルの勢力はあなどりがたいものがあったのも事実です。そして、イベリア半島の二国は南大西洋貿易で活躍しました。北大西洋貿易の研究にのみ目がいきがちであるというアングロ・サクソンの伝統を、ポメランツはそのまま受け継いでいるように思われます。

モキアのいう「有用な知識」とは、イギリスのみならず、中国にも現れた現象ではなかったでしょうか。ファン・ザンデンのように書物の出版点数によってヨーロッパの方が有用な知識が普及していたというのは、あまりに単純すぎ、別の指標を用いるなら、おそらく違う結論が出されたでしょう。識字率や私的な教育機関（寺子屋など）を指標にとれば、日本が最大の知識社会であったかもしれません。

パルタサラティの議論では、イギリスとインドが比較されています。しかし、小さな島国であるイギリスと、インドのような亜大陸を比較すること自体、不可能ではないかと思うのです。欧米の歴史家は、比較というものが簡単にできると思いがちです。それは、彼らの歴史研究の大きな問題点だと考えます。

歴史を分析するには、さまざまな視点が必要であり、ただ一点からのみの分析では複雑な歴史的事実を適切に解釈できないというのが私の考えです。

歴史家は、比較史をする際、さまざまな指標があるなかから、ある一つの指標を取り出します。しかし、それが本当に正しい指標なのかどうかを慎重に考え、また、いくつかの指標を組み合わせて、より正確な歴史像を描くようにすべきだと思うのです。

では、次の節で「大分岐」に関する私見を述べてみることにします。

4. 「大分岐」は実は二段階

そもそも、ヨーロッパとアジアは同じような経済成長のパターンをたどっていたのでしょうか。実は、それを証明すること自体、大変難しいことなのです。

すでに述べたように、ポメランツは、中国の揚子江流域、日本が、平均寿命・一人当たり綿布消費量・識字率など主要な点で、ほぼ同様の経済状態にあったと言っています。

しかし、他の点はどうだったのでしょうか。これらの経済指標は、あくまで他の経済指標との関係があるからこそ存在するものです。それだけをピックアップすることにどのような意味があるのか、歴史家は注意深く考える必要があります。

したがって、よりマクロな指標との関係を考慮に入れなければいけないのに、ポメランツ——のみならず経済史家一般にいえることですが——のように、重要なものとはいえ自分に都合の良い指標をいくつか取り出して、「同じ経済状態」にあったと言うことは、私には科学的な態度とは思えないのです。

アジアより貧しかったヨーロッパ

そもそもヨーロッパとアジアを比較するなら、ヨーロッパの方が貧しかったということを忘れてはいけません。ヨーロッパとアジアのどの地域を比較するかによって結論は変わりますが、西欧と東南アジア、インド、中国（砂漠を除く）を比較するなら、おそらく自然の恵みという点では、西欧の方が少なかったと思うのです。

ヨーロッパは東南アジアから香辛料を輸入していましたが、アジアは、ヨーロッパからの商品は必要としていなかったのです。そのパターンが逆転するのは、産業革命のときでした。そういうことを考慮に入れず、いくつかの指標を恣意的に比較して、ヨーロッパとアジアが同じ経済状態であったとはいえないというのが私の考えです。

われわれは、ヨーロッパの方がアジアと比較して貧しかったということにもっと目を向けるべきだと思うのです。ヨーロッパがそれを克服し、アジアよりも豊かになったのはなぜかということが重要ではないでしょうか。

第一段階——情報の非対称の減少

しかし、まずヨーロッパは、アジアよりも効率的な経済制度の確立に成功します。これを、私は「大分岐」の第一段階と名づけます。

まず、それについての話をしましょう。

私が関心をもって研究してきたのは、商業情報の発展です。

ヨーロッパにおいては、一六世紀中葉に（現在のベルギーの）アントウェルペン（アントワープ）で取引所が創設されました。日本では、年に数回程度巨大な市が開かれる大市の研究が盛んですが、経済が成長すると、それでは商品がさばけず、毎日のように市を開く必要が出てきます。それが、「取引所」なのです。さらにそこでの取引価格が、手書きの「価格表（price current）」という形態で、比較的安価に多くの人々に知らされるようになりました。

大航海時代が始まる一五世紀末になると、アントウェルペンには、ポルトガルからアフリカ産の植民地物産が輸入されるようになりました。さらにポルトガル商人は、南ドイツやハンガリーの銅をここで購入したのです。

イングランド産の毛織物、南ドイツ産の銀・銅、さらにポルトガルの香料が、アントウェルペンを国際都市にする原動力として機能しました。それに加えて、スペイン領アメリカから銀を輸入することで、利益はさらに拡大しました。ヨーロッパ最大の金融市場へと成長したのです。

また、理由はよくわかりませんが、アントウェルペン商人は、一五四〇年代からアムステルダムに移住するようになります。

アムステルダムの取引範囲は、新世界からアジアにまで及び、アントウェルペンをはるかにしのぐようになります。アムステルダム取引所の価格が印刷されるようになり、ヨーロッパ各地で入手可能になりました。経済学的にいうなら、「情報の非対称性」が少ない社会が成立したのです。

ここで、少し経済学的にこの現象を説明してみます。通常、大学の経済学部の初級段階で習う経済学では、「完全競争市場」が前提とされています。市場に参入する人々のすべてが同じ情報をもっているという仮定のもとで議論がなされますが、言うまでもなく、これはフィクションです。

専門的知識をもつ情報優位者とそれをもたない素人（情報劣位者）の取引においては、それぞれがもつ情報の量に差があります。それは、「情報の非対称性」と呼ばれます。情報の非対称性が大きいと、情報劣位者が取引を拒否します。そのため、市場の取引そのものが破綻し、それは、「市場の失敗」といわれます。

近世のヨーロッパでは、アムステルダムを中心として、「価格表」「商業新聞」などによって市場の情報がかなり出回るようになります。そうすると、情報の非対称性が少なくなり、多くの商人の取引リスクが低下していきます。そのような社会は、おそらく世界の他地域にはなかったものと思われます。

まず、このようにヨーロッパが経済制度面で他地域よりも優位に立つことができたのです。

「経済活動がしやすい社会」の誕生

しかも、それだけにはとどまりません。アムステルダムは非常に人口流動性の高い都市であり、この都市に来る人ばかりか、出て行く人も多かったのです。アムステルダムの政策として、「来る者は拒まず、去る者は追わず」というものがあったように思われます。

アムステルダムはヨーロッパ商業の中心都市でしたから、この都市に来れば、最新の商業情報に触れることができるばかりか、巨大な商業ネットワークの一部に参加することができます。

しかも、アムステルダムは宗教的寛容政策をとっており、同市には、さまざまな宗派に属する（場合によってはキリスト教徒以外の）商業情報が流入しました。その情報が、アムステルダムから他の地域にまで拡散したと考えられるのです。

経済活動がしやすい社会とは、人々が市場に参入しやすい社会のことをいいます。そのような社会が、オランダ、とくにアムステルダムの力によって、西欧に誕生したのです。商業情報をもたらす商人のネットワークの意義は見逃せません。

第二段階――イギリス産業革命

「大分岐」の第二段階は、あのイギリス産業革命です。それにより、ヨーロッパがアジアとの貿易収支を赤字から黒字へと転換することに成功したからです。すなわち、ヨーロッパ経済が、アジア経済を明らかにしのぐ力をもちはじめたのは、おそらくこの頃からであったと考えられるのです。

それは、イギリスが綿織物を生産することによって可能になりました。ヨーロッパには、インドから手織りの綿織物であるキャラコが大量に流入していました。ヨーロッパの人々はこぞってそれを購入しようとしました。そのために、アジアとの貿易収支赤字はさらに巨額になったでしょう。

大西洋経済は、西アフリカから黒人奴隷を新世界の自国の植民地に輸送し、彼らに砂糖をつくらせ、ヨーロッパで完成品（砂糖）にすることを基調としていました。イギリスだけが、それに加えて、新世界で綿花を生産し（イギリスはブラジルからも綿花を輸入していました）、イギリスで完成品にするというシステムをつくりあげました。

イギリスは綿の輸入代替に成功したわけですが、なぜイギリスだけが成功したのか、依然として私には謎です。

長期にわたる「大分岐」の過程

「大分岐」論争には、大変多くの研究者が参加しています。残念ながら私はその議論のすべてに目を通したわけではありません。しかしいくつかの研究論文を読んだ印象を申し上げるなら、彼らは、元来は同じような経済状態にあったヨーロッパとアジアが、比較的短期間のうちに前者が後者よりも優勢になったということを前提としているように思われてなりません。

繰り返しになりますが、指標が変われば、当然、結論は変わります。一つの指標で、マクロ経済状況をどのようにして説明できるのかということは、なおざりにされたままだというように思われます。ある一つの指標から、経済全体の変化をどのようにして説明できるのか、そのことをもっと考えてから議論をすべきではないかと思います。

「大分岐」とは、長期間を要した過程でした。まずヨーロッパ経済の制度（社会的な仕組み）がアジアよりもすぐれたものとなり、さらに産業革命が起こったため、最終的にヨーロッパ経済がアジア経済よりも優位に立ったということです。

なぜ貧しいヨーロッパで工業化が進展したのか――答えは人口にあり

これは、古くから出されている疑問ですが、しかし同時に、これといった解答が出されてはいない問題でもあります。これまで述べたように効率的な経済システムが成立していた以外に、私は以下のように考えています。

アジアと比較すると――ただし、「アジア」の定義自体があやふやなのですが――、ヨーロッパの自然環境は貧しいといって問題ないでしょう。ヨーロッパの緯度は高く、あまり植生が豊かではありません。したがってヨーロッパ人にとって、新世界産のジャガイモやトウモロコシ、トマトなどは、砂糖とともに、食卓を豊かにし、生活水準を大きく向上させたものと思われます。

ヨーロッパの植生の貧しさを示す、別の事例を提示しましょう。ゴルフの発祥地は、スコットランドのセント・アンドルーズです。日本の場合、除草剤を撒いて雑草を取り除く必要がありますが、スコットランドのゴルフ場ではそもそも雑草が生えません。それは、植生が貧しいからなのです。したがって、日本のゴルフ場が悩まされた農薬問題は、ヨーロッパではあまり大きな問題ではないのです。

植生が貧しく、しかも米よりも生産性が低い小麦・大麦を食するヨーロッパにおいては、人口の伸びはアジアよりも低かったのです。人口が少ないヨーロッパでは、人間は稀少財であり、アジアよりも高い賃金を人々に支払う必要がありました。ヨーロッパは機械化を進めることで、高い賃金が必要な労働者を雇わずに済んだのです。ヨーロッパで工業化が進んだ理由は、ここに求められるでしょう。

それに対しアジアでは、人口が多かったので人々の賃金は低く抑えられました。そして工業化により、大分岐の第二段階が起こりました。

ヨーロッパの工業化にも、自然環境の問題、さらにそれ以前に経済成長に適合した経済制度が欠かせなかったのです。「大分岐」とは、多様な歴史的事実が複合的に折り重なって起きたのであり、一つの指標から論じられるようなものではありません。

5．主権国家が先か、近代世界システムが先か

抜け落ちた論点——主権国家とは何か

歴史学の研究においては、「主権国家」の成立が、近代世界の特徴の一つであるとされていま
す。ここでの課題は、主権国家はなぜ生まれたのかという疑問に答えることにあります。
ところで『世界史用語集』(山川出版社)によれば、主権国家とは、次のような国家です。

明確な領域(国土)を有し、確立した主権が存する近代国家のこと。主権は、国内では独立性を持つが、背景に、中世末以降はローマ教皇や神聖ローマ皇帝など普遍的な権威が衰退したことがある。

そして、主権国家体制とは、次のことを意味します。

近世ヨーロッパで成立した政治体制。主権国家が相互に並立し、覇権を争いながら国際政治

が展開される状況を指す。イタリア戦争を機に形成され、一六四八年ウェストファリア条約で確立したとされる。

次は、教科書の記述をみてみましょう。

神聖ローマ皇帝として、ヨーロッパ全域を支配しようとする考え方はここで挫折し、西ヨーロッパ諸国は、それぞれの国や国民のまとまりを重視する主権国家の考え方に転換した。帝国として世界を政治的・軍事的に支配するのではなく、個々の国家を強化して、世界的な分業体制（世界システム）の中での地位を高めようとするようになった。
（『新詳　世界史B』帝国書院、二〇一三年、一五一頁）

ここで書かれていないことは、主権国家が戦争によって生まれたということと、税金と主権国家との関係です。後者については、主権国家とは、近代国家のことであり、単純にいえば、「中央政府が税金をかけることができる範囲がその国の領土であり、他国から税金の支払いを強制されることはない」ということです。これは、しばしば主権国家の議論で抜け落ちますが、とても重要な点だと思います。

軍事革命——戦争とともにできあがった近代ヨーロッパ

さらにまた、主権国家を形成するために、ヨーロッパ諸国が多数の戦争を経験したことを強調すべきだと考えます。軍事革命によって、ヨーロッパは大きく拡大し、世界を支配しました。したがって、ヨーロッパの世界支配と主権国家体制の成立は、大きく結びついていたのです。主権国家が帝国主義国家となり、植民地支配をしたことを考えれば、それも当然のことです。

火器の導入により、戦術が決定的に変わりました。それにともない、軍隊の規模がきわめて大きくなり、徴兵制が導入されました。それによって、戦争は、傭兵ではなく国民兵が戦うものになっていきました。

ヨーロッパは他を圧倒する軍事力をもつようになり、その強大な軍事力を用いて、世界のあらゆる地域に進出していきます。軍事革命は、ヨーロッパ以外の地域にも輸出されました。最終的に、世界はヨーロッパ的な軍事秩序により再編成されます。それが、帝国主義の帰結です。

火器が登場する以前には、騎馬兵による弓が最大の武器でした。だからこそ、モンゴル軍が世界最強の軍隊であったのです。しかし、火器は、それ以上の破壊力・殺傷能力をもつ武器でした。火器の発明者はヨーロッパ人ではありませんでしたが、それを積極的に使用したのはヨーロッパ人でした。そのために、やがて世界中の戦争で勝ち、植民地を獲得することができたのです。ヨーロッパの近代は、戦争とともにできあがりました。それは、決して忘れてはならない事実です。さらに、一時期、世界はヨーロッパが支配しました。したがって、残念ながら現代社会は、戦争を前提とした社会だといえるのです。われわれはいまなお、その影響下で生きているということを忘れてはいけません。

また、戦争をしていたヨーロッパで生まれた「人権」という思想は、戦争によって人間がしばしば殺されるからこそ、人間の権利を守るべきだという発想から生まれたのだと思われます。

戦争によって生まれた主権国家

戦争遂行のためには、今日とは比較にならないほど少額でしたが、巨額の費用がかかりました。この時代に戦費は急速に増え、そのために、国家財政の規模を大きくすることになりました。近世においては、社会福祉や所得の再分配という考えはなく、しかも絶え間ない戦争状態のため、国家財政に占める戦費の比率はみるみるうちに増加することになりました。

戦争をしていくうちに、ナショナリズムが生まれます。そして、国境が確定し、その国境を越えた課税は当然できなくなります。ここに主権国家が生まれたのであり、主権国家の誕生は、戦争の遂行と切っても切れない関係にありました。

戦争と国家財政——プロイセンがヘゲモニーを握れなかった理由

戦争をするためには、短期間で巨額の借金をする必要があります。一般に、近世ヨーロッパの軍事国家として有名なのはプロイセンですが、プロイセンはそのようなシステムの構築には成功しませんでした。

プロイセンの国王フリードリヒ大王（在位一七四〇～八六）は、自国領にあるオーデル川沿いに製糖所を建設します。そこで完成した砂糖を、ヨーロッパ各地に輸出しようとしました。しかし、その計画は、当時ヨーロッパの製糖業の中心であったハンブルクとの価格競争に敗れ、失敗に終わります。

プロイセンは、たしかに軍事大国でした。しかしながら、軍隊を維持するためのコストが高すぎたように思われます。プロイセンの富国強兵政策は、あとで述べるオランダやイギリスのような財政システムの構築には至りませんでした。それは、プロイセンがヘゲモニー国家になることができなかった大きな理由であるように思われます。

財政先進国だったオランダ

ヨーロッパで最初に財政制度が近代化したのは、オランダでした。オランダは、一五六八年から一六四八年にかけて、スペインからの独立戦争（八十年戦争）をしました。そのため借金をする必要に迫られ、財政制度が近代化されたといわれています。

オランダは、一八世紀のイギリスよりも二世紀以上前に、公信用が発展したという主張がなされています。一六九〇年代には国家予算の九〇パーセントが軍事費にあてられたとさえいわれます。オランダ史では、この時代のオランダを「戦争国家」と呼びます。

戦費を返済するために、オランダは重税国家となりました。一七世紀中葉は、オランダの「黄金時代」と呼ばれますが、この時代のオランダは、同時に一人当たりの税負担がヨーロッパでもっとも大きな国だったのです。重税であっても国家が繁栄したのは、貿易に関してはできるだけ税をかけないようにしたからだという説もあります。

一七世紀のオランダでは、すでに公債が社会の隅々にまで浸透していました。この特徴は、一八世紀のイギリスにも受け継がれるのですが、オランダはイギリス以上に人々のあいだに公債が浸透した社会でした。女性も比較的下層の階層に属する人々も、オランダの公債を購入したといわれています。そのオランダは、八十年戦争の過程で、非中央集権的国家をつくりあげたのです。

税制によって起きたフランス革命

ここではフランスの税制について少し言及します。一八世紀は、ヨーロッパ外世界でヨーロッパ人がほぼ初めて戦争を行った世紀です。そのため戦争の規模も急速に拡大しました。

そのときに中心となったのは英仏でした。そのため両国は、非常に重い財政的負担を強いられることになったのです。戦争は、どの国にもましてこの二国に大きな財政問題を引き起こしました。

フランスの税制は、直接税である地租が中心でした。奢侈(しゃし)品に対する消費税が中心のイギリスとは異なり、経済が成長しても税収は伸びません。フランス革命が起きたのは、フランスの税金がイギリスよりも重かったからではなく、フランスの税制では税収が増えず、国庫が逼迫したことが原因と考えられます。

近代世界システムを必要とした主権国家

近代世界システムによれば、世界帝国では、中央が政治的な支配をし、武力を独占することになります。そのため、内部での競争が生じません。一方、近代世界システムが生まれた西欧では、主権国家が並び立ち、競争が発生したのです。国家が競争の単位となりました（この点については、川北稔『近代イギリス史講義』講談社現代新書、二〇一〇年を参照)。

その経済力を用いて、最終的には軍事的な競争に至ります。西欧では、武器をはじめとする戦争技術が発展することになりました。軍事革命とは、近代世界システムが生み出したものだったのです。

武器をもったヨーロッパ人は、やがてアジアにまで進出し、アジアを徐々に支配下に置いていきます。このようなシステムを有したヨーロッパは、他地域をみずからの「ヨーロッパ世界経済」のなかに組み入れ、世界を支配することになったのです。

「世界システム」とは、近世においてはヨーロッパの多くの地域経済を包摂した巨大な経済的単位でした。世界システムが機能したからこそ、主権国家は成立したとみなすべきです。経済的には、主権国家は世界システムのサブシステムとして機能しました。主権国家が存続するためには、近代世界システムが不可欠だったのです。

6. イギリスの最大のライバル
――知られざるハンブルクの実力

ヨーロッパを成長させた中立地域

近世のヨーロッパにおけるハンブルクの商業的重要性は、日本だけでなくヨーロッパにおいても、過小評価されているように思えてなりません。

たしかに、一六八〇年に五〜六万人だったハンブルクの人口は、一七五〇年時点で約九万人に達したにすぎません。しかしハンブルクはドイツに限らず、イギリス、オランダ、フランス、スペイン、ポルトガルなど、当時のヨーロッパ列強諸国が大きくかかわった貿易港でした。それればかりか、西欧最大の製糖所でもあったのです。多くの地域から、最終的にはハンブルクへとサトウキビが運ばれました。さらにハンブルクは、一六一八〜一八六八年の長期間、中立を維持した都市だったのです。

近世のヨーロッパでは絶えず戦争が続いており、戦時には、アムステルダムやロンドンの商人がハンブルクに避難して商業を営みました。戦争の時代のヨーロッパでも経済成長が続いたのは、ハンブルクのような中立地域があったからです。

これらの点でハンブルクは重要だったわけですが、ここでは、ロンドンとの関係、および両都市の比較に焦点を当てて論じてみたいと思います。

ロンドンはイギリス帝国の首都であり、ハンブルクは旧来の商人独自のネットワークの中心でした。ロンドンと比較するなら、ハンブルクは古いタイプの商業都市だったと言えるでしょう。ロンドンは後背地をもち、統合された国民経済をもつ近代的メトロポリスでした。ロンドンを基軸とするイギリス国家の台頭は、「帝国」の形成を意味しました。イギリス「帝国」を中心とするシステムは、一九世紀後半になって世界を席巻することになるのですが、ハンブルクは長期にわたり、そのシステムと競合（ときには協力）することになったのです。

ここでの分析から、イギリス帝国のシステムが、長い期間をかけ勝利を握った様子がわかることでしょう。

砂糖貿易の中心地ボルドーとの密接な関係

一七世紀のハンブルクにとっては、オランダが最大の取引相手でした。一六二五年の時点で、船舶数・重量の両方で、ハンブルクの取引の三分の一をオランダが占めていました。しかし一八世紀になると、それがフランスへと替わります。とくに、ボルドーとの関係が重要でした。

一般にボルドーは、ワインの生産地として知られます。しかし一八世紀のボルドーは、現在のハイチ（サン・トマング）から砂糖が輸入される貿易都市として有名でした。

さらにボルドーがフランスの対外貿易に占める比率は、一七一七年から二〇年には一〇パーセントだったのが、フランス革命のときには二五パーセントに達しました。またオランダは、ボルドー以外にも、ル・アーブルやナントなど、大西洋岸フランスの港湾都市に居留地をもっていましたが、そのなかでもっとも重要な地域がボルドーになっていったことは間違いありません。

カリブ海にあるアンティル諸島の砂糖生産は、一七一四年の七〇〇〇トンから五〇年には四万トンに、さらに八九年には八万トンへと驚異的に伸びました。

一七世紀のボルドーの最大の貿易相手がアムステルダムであり、そのアムステルダムはフランスにブラジル産の砂糖を供給していました。さらに一七世紀初頭にボルドーに移住した外国人としては、オランダ人がもっとも多かったのですが、一七一一年には、二〇名のハンザ商人（おそらくほとんどがハンブルク商人）が居住し、オランダ商人の数を少しではありますが上回るまでになりました。

フランスと北ヨーロッパ諸国の中継地点として、アムステルダムよりも、ハンブルクの方が重要になっていきます。ボルドーがアンティル諸島に代表される植民地との貿易を増大させたのは、オランダではなく、ハンザ都市、とくにハンブルクとの貿易量が増えた時代だったのです。

ハンブルク商人は、フランスの貿易港、とくにボルドーに定住しました。そして通商条約により、フランス国王によって国内での特権的地位を確保されていたために、ハンブルクとボルドーの通商関係が強くなっていったと思われるのです。

フランスが輸入した砂糖の多くは、再輸出されることになりました。フランスは、輸入された砂糖の三〇～四〇パーセントを国内で消費しましたが、イギリスは、約七五パーセントを国内で消費していました。

ボルドーの砂糖は、ハンブルクへの再輸出量が圧倒的に多かったのです。ハンブルクには多数の製糖工場があったばかりか、フランスから追放されたカルヴァン派の新教徒ユグノーの亡命地として重要だったこともその理由でしょう。また、フランスの製糖工場は、ヨーロッパの精糖業で主導的地位についたことは決してありませんでした。

ロンドンと共存共栄

ハンブルクは長期間にわたり、中立都市として活躍しました。したがって戦争が起こっても、ハンブルクの船を使うか（ただしハンブルク船の数は多くはありませんでした）、ハンブルク市の紋章のある旗を掲げた船を使えば、貿易を続けることができたのです（紋章のある旗は、どの国や都市の船であるかの証拠でした。しかし実際には、それを偽装するのは当たり前でした）。

ハンブルクはルター派の都市であり、ルター派でなければ市民権を得ることはできなかったのですが、商業を続けることはできました。たとえば、オランダの交戦中には、セファルディム（イベリア半島を追放されたユダヤ人）がアムステルダムから一時的にハンブルクに避難し、商業活動を続けることもありました。ハンブルクが、中立都市だったためです。

一八世紀になると、アムステルダムの地位は相対的に低下します。ところがヨーロッパは、ヨーロッパ外世界との取引を大きく増加させます。そうなるとアムステルダムだけでは増大する貿易量・金融取引に対応することができず、イギリスの首都ロンドンとハンブルクが大きく勢力を伸ばすことになりました。

さらにハンブルクはまた、イベリア半島との関係が深い都市でした。一六～一七世紀のうちに、ポルトガル系・スペイン系の名前がハンブルクでみられるようになっていました。また、一七世紀初頭には、アムステルダムから人々がハンブルクにまで来ていたのです。

スペイン領ネーデルラントの商人も、ハンブルクで取引しました。ハンブルクのポルトガル人仲介業者の比率は、アムステルダムのそれより多かったのです。イベリア半島との貿易におけるハンブルクの重要性は、ここにも表れています。

ハンブルクは、ロンドンの競争相手であったばかりか、相互補完関係にある都市でもありました。しばしば、ハンブルクは小ロンドン（Little London）と呼ばれていましたし、ハンブルクからロンドンに渡る商人は非常に多かったのです。そのうえ、イギリスの主要貿易相手港は、一八世紀のあいだに、アムステルダムからハンブルクに変わっていきました。イギリスとハンブルクの通商関係は、非常に強くなったのです。

フランス革命はプラス、ナポレオン戦争はマイナス

ハンブルクの貿易量が大きく増加したのは、一八世紀中葉のことでした。一七八〇年代になると、さらに増加します。

フランス革命の直前に、ハンブルクからフランスに向かう船舶数が著しく増大しましたが、フランス革命によって大きく低下します。それに対し、フランス革命期にハンブルクからイギリスに向かう船舶数が増加します。

一七九五年にフランス革命軍によりオランダが占領されると、アムステルダムの貿易・金融市場は大きな打撃を受けました。ハンブルクはそれによって大きな利益を得ました。アムステルダムの代替港として、さらにおそらくは代替的な金融市場として台頭したのです。

一八〇二年にはロンドンにとって、ハンブルクがヨーロッパ大陸最大の取引相手先になります。しかしナポレオンの大陸封鎖令が施行された一八〇六年には、イギリスからヨーロッパ大陸に向かう船舶のうち、ハンブルクの船舶がもっとも多く使用されています。

フランス革命軍によりドイツが占領されると、ハンブルクの貿易には大きな痛手となります。しかも大陸封鎖令により、中立国の船舶でさえイギリスと取引することが困難になりました。実は、これは、それまでの戦争との決定的な相違だったのです。フランス革命戦争とナポレオン戦争を同一視できない理由がここに見いだされます。ナポレオンは、それまでとは異なり、中立国も侵略したのです。

一八〇八年になると、ナポレオン軍によって占領されたハンブルクの商人の多くがこの都市を離れ、中立国スウェーデンの貿易都市でスウェーデン西岸に位置するイェーテボリに向かいました。イェーテボリで目覚ましい商業ブームが起こります。イェーテボリとアメリカの貿易が増加する要因の一つが、ここにあったものと思われます。

商人ネットワーク時代の終焉

一八一五年、ナポレオン戦争は終わりました。周知のように、ウィーン体制は、現状維持を原則とする政治体制でした。したがって、経済発展を目指すための経済体制ではありませんでした。

ウィーン体制の成立後、ラテンアメリカ諸国は、宗主国であるスペインやポルトガルの手を通さずに、ヨーロッパに直接商品を送るようになりました。ラテンアメリカ諸国と宗主国との関係経済的関係は、薄くなりました。ラテンアメリカ諸国が次々に独立していったのは、宗主国との経済関係がなくなっていったことが大きな要因だったと思われます。

ラテンアメリカの植民地物産をヨーロッパへ輸出する際、中心となったのはロンドンであり、ついでハンブルクでした。このようにして、ハンブルクは復活しました。しかしそれは、あくまでロンドンを中心とするイギリスの通商システムのサブシステムとして機能するにとどまったのです。

ロンドンとハンブルクの経済競争は、このようにしてロンドンの勝利で終わったのです。

それは、商人のネットワークの時代が終わり、国家が経済に大きく介入する時代の開始でもありました（ただし、イギリスでは、それは一八世紀に始まっていました）。

7．重商主義の虚像と実像

重商主義とは何か――本当に国家の政策なのか

重商主義は、現在の日本ではあまり聞かれない経済史用語になってしまいました。しかし、その重要性が薄れたわけではないと思います。『オックスフォード経済史百科事典』には、重商主義に関して、次のように書かれています。

「重商主義」という用語は、経済の教義と商業政策の両方を意味する。それらは、国民国家に最大の利益をもたらすために必要な経済活動に、政府が介入することを擁護した。「重商主義システム」という用語は、最初はフランスの重農主義者であるミラボーの著作にみられたが、重商主義に熱心に反対したアダム・スミスによって制度化された。「重商主義」そのものは、ドイツ歴史学派によって広く使用されるようになった。

(Elise S. Brezis, "Mercantilism," in *The Oxford Encyclopedia of Economic History*, Vol.3, Oxford, 2004, pp.482-483.)

しかし現在の経済史学界では、これとは違った使い方がされています。たとえば、イギリスの大変著名な経済史家にパトリック・オブライエンがいます。彼の考えでは、近世のイギリスは、重商主義＝保護主義政策をとったからこそ、フランスとの戦争に勝利し、経済成長を実現して、一八一五年にはヘゲモニー国家になることができたのです。

また、重商主義思想に関する世界最高の権威であるラース・マグヌソン（二九頁のマグヌソンと同一人物）は、次のように言います。

まず第一に、それは書物、手引、小冊子、パンフレット、年鑑などの形態をとり、政治的な議論をもたらす問題から、商業、貿易、海運業、国内の製造業による利益がもたらす役割、外国からの熟練労働者の移住、事業に刺激を与えるために利子率を低く維持すること、国家をはるかに豊かにすることといった現実的な事柄に至るまでを扱った文献である。重商主義とは、国王、君主、政治家や他の政策立案者、委員会、官僚が政治声明の形態で定式化したものでもあった。しかも、このような文献は、法令と同様、一六世紀から一八世紀中頃に至る多数のヨーロッパ諸国に現れた。

(Lars Magnusson, *The Political Economy of Mercantilism*, London and New York, 2015, p.219)

重商主義とは、言説でしたが、それは、現実の政策の法令などにも反映されていたと主張しています。

私は、これらの主張は、どれも、商人の活動を考慮に入れていない点で、大きな問題をはらんでいるのではないかと思っています。

さまざまな意見があるでしょうが、重商主義とは、国家の政策だといってよいでしょう。この点において、これまでの研究の見解は共通しているといえます。

それが、本当に正しいのかどうか、ここで検証してみたいと思います。もちろん、ここで述べるのは、あくまで私見であり、今後の研究によって、大きく変わる可能性が十分にあるのは当然のことです。

まず、ヨーロッパ内部について、そしてヨーロッパ外世界についてお話しさせていただきます。

ヨーロッパ内部——経済大国オランダへの対抗

オランダは、世界最初のヘゲモニー国家でした。オランダの経済力は圧倒的に強かったので、その他の国々は保護政策をとり、自国経済を発展させようとします。

ヨーロッパ内部では、それが重商主義の特徴でした。国家が経済に介入し、経済成長をはかったのです。たとえばイギリスは、一六五一年以降数回にわたり航海法を施行し、オランダ船排除を狙いました。アダム・スミスによれば、これは「イギリス政府が実行したもっとも賢明な制度」だったのです。

フランスはイギリスほどには自国の海運業を発展させることはなかったのですが、財務総監だったジャン・パティスト・コルベールが王立マニュファクチュアを設立しました。

オランダ自体は神聖ローマ帝国の末裔のごとき分裂国家であったのですが、圧倒的な経済力があったので、保護政策をとる必要はなかったのです。

ヨーロッパ内部だけをみれば、重商主義時代とは、圧倒的に経済力があったオランダに対して、各国が保護政策をとった時代だとみなせるのです。

オランダは地方分権主義をとり続けますが、他国は徐々にではあれ、中央集権化します。そのため、政府の規模が拡大していくという特徴がみられました。

ヨーロッパ外世界――組織は穴だらけだった東インド会社

一七世紀初頭のヨーロッパの国家には、商人の活動をコントロールできるほどの力はありませんでした。それを、まずご理解いただきたいと思います。

その事例として、英蘭の東インド会社を取り上げてみましょう。

イギリスの東インド会社は一六〇〇年に、オランダの東インド会社は一六〇二年に創設されたことは、周知の通りです。オランダにはそれ以前から東インドと貿易を行う会社はいくつもありましたが、イギリスに対抗するため、それらを統合し、正式名称としては、連合東インド会社を創設しました。

どちらの会社も軍隊をもち、本国からの指令を受けたものの、本国の本部に相談せず、独自の行動をとることができました。それは本国との距離があまりに遠かったからです。何か問題が生じたときにいちいち本国に問い合わせていては間に合わないので、国家のようなものとして英蘭東インド会社ができあがったのです。

イギリス東インド会社の場合、ここで重要なのは、私貿易の役割でした。

イギリスの東インド会社では、従業員は、会社での貿易のほかに、アジアで私的に行う貿易、すなわち私貿易に従事することができました。私貿易は、会社での事業よりも儲かったので、私貿易での利益を求めて、イギリス東インド会社で働いた人たちが多数いました。

商人は、自分たちで組織を編成してアジアに向かうことが可能であったと思われます。しかし彼らはそうした場合、自分たちで暴力的手段によって身を守らなければなりませんでした。私たちが知っている初歩的な経済学では、市場メカニズムを乱すような外界からの妨害は存在しません。しかし、現実の世界は、さまざまなものが市場の健全な働きを抑制します。

ヴェネツィア経済史の大家フレデリク・レイン（一九〇〇～八四）によれば、中世のヨーロッパでは、商人は取引海賊による略奪から自分たちで身を守るか、誰かに守ってもらうための費用（保護費用）の出費を余儀なくされました。これをレインは、「保護レント（protection rent）」と呼びました。

英蘭の東インド会社は、軍隊を所有していたため保護費用を負担し、商人は保護レントの支払いを免れたのです。そのようにして、商人が安心して取引できる環境を提供しました。そして、アジアとの貿易を独占するばかりか、領土経営に従事していました。

イギリス東インド会社の方が長続きしたものの、一八七七年になると、インドは本国政府が直接統治するようになりました。東インド会社がなくても、イギリス本国はアジアを直接統治できるようになったのです。情報のやりとりの時間が、大幅に短縮されたからです。

英蘭の東インド会社は、国家のつくった組織がアジアに進出し、恒常的な貿易関係を築き上げたものです。そのため商人は、それ以前よりはるかに効率的に商業に従事することができました。

ですが今日の目から見ると、イギリスとオランダの東インド会社の組織は穴だらけであり、その意図をすべての従業員に浸透させられるほどの能力は、決してなかったことは明らかです。本国からの命令に背くことも簡単でした。イギリス東インド会社の私貿易は、このような環境だからこそ許されたのです。国家の力は、なお、弱かったのです。

大した力をもっていなかった重商主義国家

では、いったい重商主義とはどういうものだったのでしょうか。ここでは、私見を述べます。英蘭の東インド会社は、国家のエージェントだったとみなすことができます。この当時、いくつもの国が特許状を発行し、貿易を独占する会社を創設しました。それは、その会社に属する商人に貿易を独占させ、利益を供与するためでした。この政策により、富裕になった商人もいました。

商人と国家は共棲関係にあったのです。とくに、ヨーロッパ外世界にはそれがあてはまります。一見、重商主義国家は大きな力をもっていたように思われます。しかし、実際には大した力はもってはいませんでした。たとえばポルトガルの場合、国家とは関係なく、商人が自分たちで組織をつくり、ヨーロッパ外世界に出て行きました。

国家の側からみれば、このような商人のネットワークを利用しない手はありません。また、商人の側からは、軍隊をもつイギリス東インド会社の保護下で、私貿易をして、大きく儲けることができたのです。

しかし、徐々に国家が力をもってきます。ヨーロッパの内部でも外部でも、国家が大きな力を獲得していき、商人と国家の共棲関係は、国家の力の方が強力になって、近代を迎えることになります。換言するなら、国家が提供するインフラストラクチャーを使用しなければ、商人は商業活動ができなくなります。

その典型例が、イギリスでした。帝国主義時代のイギリスは、世界中に艦隊をもつ国家になります。商人は、その保護下において、初めて活動することができたのです。

それは、商人と国家の共棲関係を特徴とする重商主義時代の終わりを意味していました。

一八世紀イギリスの貿易では「帝国内部」の絆が強められ、そのような構造は、そのまま一九世紀に持ち込まれました。それはまた、広大な帝国を所有せず、国家の権力が小さく、貿易に関しては商人のネットワークに大きく依存していたオランダとの決定的な相違点でした。

8. 銀と世界の一体化

中国の失敗――ヨーロッパ商人に握られた銀の流通

中国は、長いあいだ、世界でもっとも豊かな国でした。朝貢貿易体制を実行できたのは、中国の経済力が圧倒的に強く、いろいろな国が自国船を使って中国までやってきたからです。だからこそ、中国では、一条鞭法から地丁銀に至るまで、自国ではほとんど産出されない銀で税を納入することができたのです。しかしこのようなシステムは、中国経済に大きなマイナス要因として作用することになりました。

マイナス要因とは、銀の流通をヨーロッパ商人に握られたことです。

中国は、国際的な流通網の重要性を認識していなかったと思われます。たしかに中国は、明の時代、永楽帝（在位一四〇二～二四）の命により、宝船（ほうせん）に乗り、鄭和がアラビア半島にまで船で進出します。しかしその後、なぜか外洋への進出をやめてしまいます。

それとは対照的に、ヨーロッパはどんどんアジアに進出し、もともとアジア商人のルートであった航路まで、みずからの航路に変えていったのです。

ここでは、このような観点から、近世世界の銀流通について考えてみます。

新世界から中国へ——三つのルートで流入した銀

銀の流通に関する世界的権威であるウィリアム・アトウェルによれば、日本を除けば世界一の銀生産地域であったのは、ボリビアでした。そのボリビアのポトシ銀山の銀生産量は、年平均で、一五七一～七五年が四万一〇四八キログラムだったのですが、一五九一～九五年には二一万八五〇六キログラムと大幅に増えました。

その一方で、一六世紀後半から一七世紀前半にかけて、中国の鉱山が産出した銀の量は、アカプルコからマニラにたった一隻のガレオン船が運んだ銀と同程度の量しかなかったのです。一七世紀初頭の多いときには、新世界からマニラに到達した銀のうち、中国に年間五万七五〇〇～八万六二五〇キログラムが流入したとされています。中国経済は、新世界の銀に大きく依存していたと思われます。

新世界から東アジアに銀が送られるルートは、三つありました。もっとも重要なルートは、太平洋を横断し、メキシコ西岸のアカプルコから、直接フィリピン諸島に送られるルートでした。一五九七年には、三四万五〇〇〇キログラムが輸送されていたと考えられます。この銀が、中国

図1　ガレオン船

の絹や陶磁器、リネンなどと交換されたのです。

さらに、メキシコからパナマ地峡を経て、スペインのセビーリャに送られ、さらにかなりの銀が、非合法的にポルトガルに輸出されました。その銀は、喜望峰を通り、インドのゴアまで送られました。

ポルトガル人は、ゴアからマカオに、一六世紀後半から一七世紀初頭にかけ、毎年六〇〇〇～三万キログラムの銀を運んだと推測されています。

第三のルートは、新世界からセビーリャに合法的ないし非合法的に運ばれた銀が、ロンドンやアムステルダムに運ばれ、さらにそれを英蘭の東インド会社が東南アジアに輸送し、そこで中国産の絹、陶磁器と交換するというものでした。

では、なぜ中国に銀が流入したのでしょうか。一般的には、中国とヨーロッパの貿易が赤字であり、それを補填すべく、新世界から中国へと銀が運ばれたとされています。

新世界の銀に加えて、日本の銀が大量に中国に輸出されていたこともよく知られています。日本は、中国から綿、絹、生糸、茶などを輸入していました。その代価として、日本は中国に銀を輸出したとされます。日本の銀の輸送では、ポルトガル人やオランダ人、中国人が活躍していたのであり、決して、日本の商人が活躍していたわけではないことを忘れてはなりません。

異文化交易の中心地だったマニラ

さて、フィリピンのマニラでは、絹と銀が交換されました。一六五〇年のマニラには、約一万五〇〇〇人の中国人、約七〇〇〇人のスペイン人、約二万人のフィリピン人がいたとされます。また、私が推測するに、鎖国のために帰国できなかった日本人もいたでしょう。さらに、アルメニア商人がいたことも確認されています。このように、マニラは、まさに異文化間交易の中心となったのです。

とすれば、スペインにとって、マニラを通じて交易することが、アジアの市場に参入する唯一の方法でした。スペインは、そうすることで大きな利益を得たのです。

スペイン人は、ガレオン船（図1）を使って、太平洋貿易に従事しました。一八世紀末には、

地図６　ガレオン船のルート

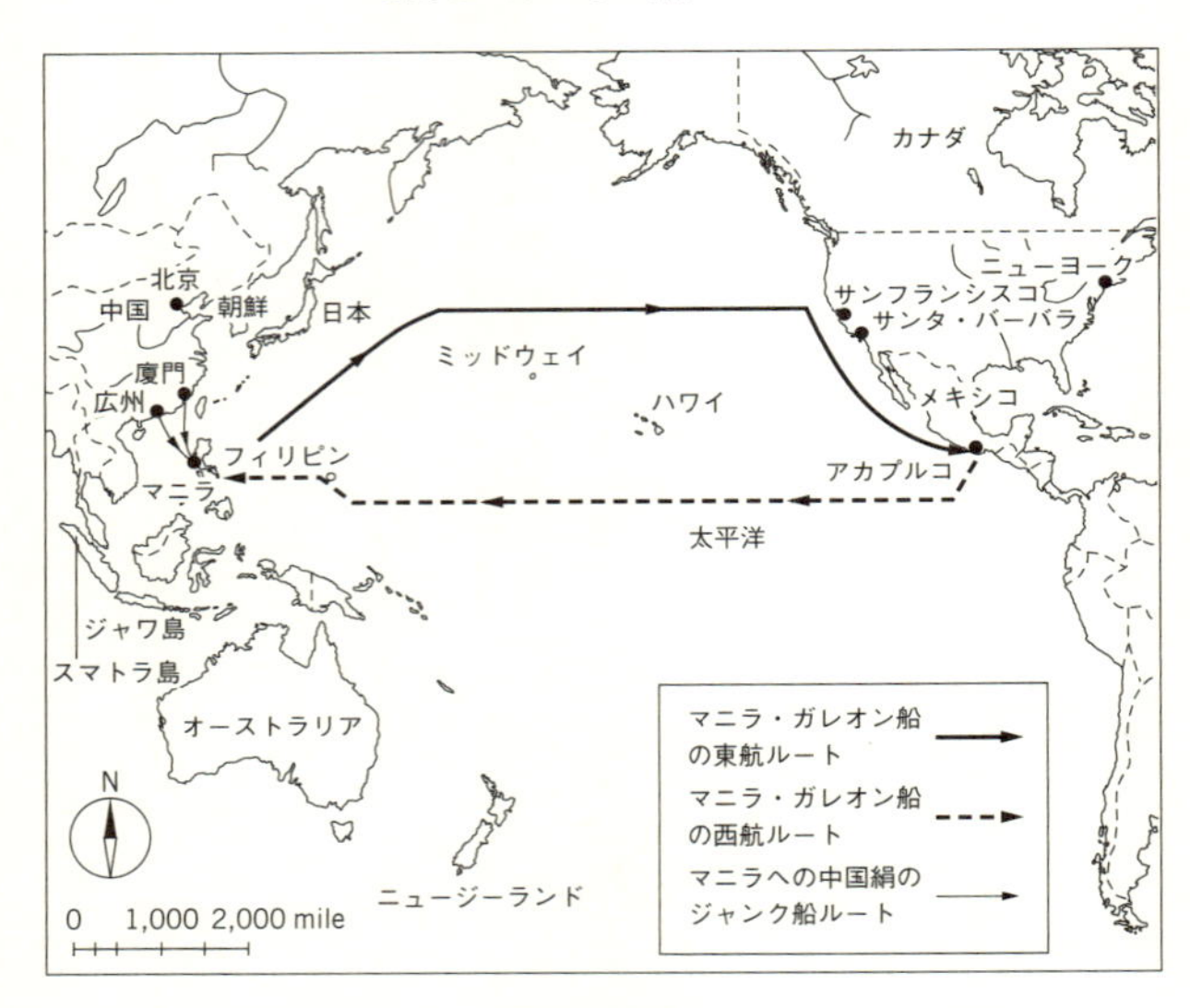

（出典）William Lytle Schurz, *The Manila Galleon*, New York, 1959, pp.12-13.

多数のマニラの葉巻が、アカプルコ経由でスペイン領アメリカに輸送されたといわれます。

ガレオン船の製造コストはきわめて高く、一五八七年の時点で、五〇〇トンのガレオン船を建造するのに、八〇〇〇ペソかかったとされます。

地図６は、マニラのガレオン船の航行ルートと、中国からマニラへのルートを示しています。太平洋と中国は、このようにしてつながっていたのです。

なぜ中国に銀が流入したのか——担い手はスペイン人

では、なぜ中国に大量に銀が流入したのでしょうか。主として二つ考えられます。一つは、さきほど述べたように、中国が世界最大の経済大国だったからです。

もう一つは、中国とスペインの金銀比価の相違があげられます。一六世紀末年から一七世紀初頭にかけ、広東での金銀比価は一対五・五から一対七であったのに対し、スペインでのそれは一対一二から一対一四でした。

このように中国では銀が高く評価されていたため、銀が新世界やヨーロッパから、喜望峰ルートで、さらに太平洋ルートでマニラを経て中国へと流入したといわれます。

銀の輸送のために使われたのは、主としてスペイン船でした。この事実に関して、フリンとヒラルデスという研究者たちは、ヨーロッパ人は膨大な銀貿易の中間商人（middleman）にすぎなかったと言います。ヨーロッパ人は、新世界とアジアを結ぶ媒介にすぎなかったというのです。

しかし、このような見方が正鵠を射ているとは思いません。「中間商人にすぎない」という表現は、ヨーロッパ人の役割を軽視したものです。彼らのような研究者は、輸送を誰が担うかという意識に欠けています。それは、はなはだ大きな問題点だと私は思うのです。これは、現在の経済史研究の問題点でもあります。

中国人ではなく、スペイン人が運んでいたという事実が重要なのです。フリンとヒラルデスの表現をそのまま用いたとすれば、もし中国が地中海にまで進出し、香辛料の輸送を担っていたとしても、「中国人は中間商人にすぎず、商業的に重要な役割は果たしていなかった」と言うに等しいからです。これは奇妙な表現でしょう。明清は、アカプルコからマニラを経由したスペイン人の船がなければ、経済を維持することができなかったのです。

近世においては、輸送コストはきわめて高く、すべてのコストのなかで輸送コストが占める割合は、今日のそれとは比較できないほど高かったはずなのです。もし中国船で輸送していたとすれば、中国が獲得する利益は莫大なものになり、スペインの収入はかなり落ち込んだと考えられます。

知られざる「大分岐」——輸送を握られた中国

さらに「大分岐」の観点をここに持ち込むなら、主要な商品の輸送をヨーロッパ商人に委ねるという明末のシステム自体、ヨーロッパの優位をもたらした「大分岐」にあたるともいえるはずなのです。

一六世紀のあいだに、スペイン人による太平洋航海は増加します。アメリカ西海岸からの航海数の増加が、とりわけ目立ちます。太平洋がスペイン人の海になったとまではいえないでしょうが、太平洋の輸送における最大の担い手がスペイン人になったことはたしかなのです。

太平洋貿易を通じて、中国に大量の銀が流入しました。そして新世界の銀は、もちろん、ヨーロッパにも流入していました。そして、それらの銀を運んだのは、おおむねヨーロッパ人でした。

一七世紀初頭のヨーロッパとアジアの経済力を比較すると、何を指標とするかによって変わるとはいえ、中国と比較するなら、ヨーロッパの方がまだ貧しかったと考えられます。しかしヨーロッパ人は、ヨーロッパの船で、そして海を通じて、世界を一つにしていったのです。

そして、最初に流通した世界的な商品は銀でした。一七世紀の時点では、中国がヨーロッパ世界経済に組み込まれていたとはいえません。この時点では、ヨーロッパとアジアのあいだに、支配＝従属関係が成立していないからです。

それが成立することになったのは、イギリス産業革命で、綿が世界製品になった一八世紀後半のことであったと思われます。ただし、そのときでさえ、イギリスに従属化したのは、アメリカの西インド諸島の植民地だけだったでしょう。中国のイギリスへの従属化は、アヘン戦争まで待たなければなりませんでした。

9. イスラーム商業衰退の物語

担い手は二つの帝国

オスマン帝国が、一六世紀のスレイマン一世（在位一五二〇〜六六）の治世下で最盛期を迎えたことはよく知られています。一五二九年にはオーストリアのウィーンを包囲して、もう少しで陥落させるところまで追い詰めました。この頃は、どう考えてもヨーロッパよりオスマン帝国の方が軍事的には強かったのです。おそらく、経済的にもそうだったでしょう。

しかし、それを頂点として、オスマン帝国の力は衰えていきます。商業的にも、オスマン帝国の勢いはなくなっていきます。しかし、急に衰えたのではなく、徐々に衰退したというのが、本当のところでしょう。

オスマン帝国以外にも、イスラーム商業の重要な担い手として、ムガル帝国がありました。この両帝国とも、香辛料貿易と大きく関係していました。さらに、インド・キャラコがヨーロッパに輸出され、その吸湿性や肌触りの良さ、染色の容易さなどから、大きな人気を博しました。

オスマン帝国をはじめとするイスラーム商業は、周知のように、香辛料貿易によって栄えていました。少なくとも、アジアからヨーロッパに至る海上ルートのある程度の部分は、ムスリム商人によって担われていました。

ここでは、オスマン帝国とムガル帝国をはじめとするイスラーム商業の衰退について、主として貿易面からみていきたいと思います。

オスマン帝国と地中海商業——マルセイユ商人の活躍

地中海世界の国々は、オスマン帝国との貿易（レヴァント貿易）を貿易の中心としていました。ここでは、そのなかで、フランスとオスマン帝国との貿易を取り上げたいと思います。

深沢克己『商人と更紗——近世フランス＝レヴァント貿易史研究』（東京大学出版会、二〇〇七年）によれば、一八世紀の地中海内貿易の中心になったのは、フランスのマルセイユでした。ラングドックで生産された毛織物が、マルセイユ商人の手により、オスマン帝国に輸出されたのです。マルセイユの貿易は、オスマン帝国にほぼ限定されていました。

一六六〇年代後半から半世紀以上にわたって東地中海の商業覇権を握っていたのは、イギリスのレヴァント会社でした。それに対抗して、一七二〇年代から、マルセイユ商人が活躍しはじめます。

マルセイユから輸出される毛織物は、ほとんどがオスマン帝国向けでした。

一八世紀後半になると、シリアとメソポタミアで飢饉と疫病により人口が減少したといわれています。そのため、オスマン帝国の毛織物市場の規模は小さくなりました。一八世紀末になると、オスマン帝国のスルタンの統治能力が弱体化し、同帝国への毛織物輸出は困難になっていきます。

一八世紀には、フランスの大西洋貿易は大きく増大しましたが、地中海貿易は、どちらかといえば衰退傾向にありました。それは、オスマン帝国の経済状況と大きく関係しており、少なくとも地中海世界においては、なおオスマン帝国の経済力は強かったことがうかがわれます。

喜望峰——輸送ルートの変化がもたらしたマイナス

一六二〇年代になると、中東ではキャラバン隊による陸路での胡椒・香辛料の輸送ではなく、イギリス・オランダの東インド会社の喜望峰ルートでの輸送の方が多くなったといわれます。デンマークの歴史家であるニールス・ステーンスゴーアは、この現象を、「アジアにおける輸送革命」と名づけました。

これにより、香辛料・胡椒が東南アジアから最終的にオスマン帝国の領土にもたらされ、エジプトのアレクサンドリアからイタリアに輸送されるというシステムは終焉を迎えます。それは、おそらくオスマン帝国経済にもマイナスに作用したことでしょう。

では、アジアからの海上ルート（喜望峰回り）で、ヨーロッパはどのような商品をどの程度輸入していたのでしょうか。

アメリカ人の歴史家ヤン・ド・フリースによれば、一六世紀から一七世紀に至るまで、胡椒と香辛料（ニクズク・丁子・シナモン・メース）が、ケープルートの海運で支配的地位を占めていました。しかし、胡椒は成長部門ではなかったのです。

胡椒は、重量に換算した場合、一五四八年にスペイン統治期のリスボンで水揚げされるアジア製品の八〇パーセント以上を占めていたのですが、一八世紀末には一三パーセントになりました。胡椒と反対に上昇したのは、オランダ東インド会社とイギリス東インド会社においては、綿織物でした。一六六〇年代から一七二〇年代にかけ、年平均二・五パーセント増加しています。これは、ヨーロッパがインド・キャラコを輸入するようになったからでしょう。

しかも、それはムスリムの船ではなく、イギリス・オランダの東インド会社の船で輸送したのです。イスラーム商業の衰退が、ここに表れているように思われます。

主役は香辛料から茶へ——低下する東南アジアの重要性

茶の輸入も増えます。とはいえ、一七〇一年に康熙帝（在位一六六一〜一七二二）が広州をヨーロッパ人貿易商人に開放したあとでさえ、茶は、オランダ東インド会社とイギリス東インド会社の収入の二パーセントしか占めなかったのも事実です。この時点では、茶は決して重要なアジアの輸出品ではなかったのです。

周知のように広州は、海禁政策をとっていた中国で、世界に開かれた唯一の港でした。その広州では、ヨーロッパ人としては、デンマーク人、フランス人、スウェーデン人、オーストリア領ネーデルラントの人々が取引するようになりました。

一八世紀のうちに、広州の茶の貿易量は大きく増加しました。一七一八年には、広州に拠点を置くヨーロッパの特権商事会社を合わせると、ヨーロッパに七七万一〇〇〇キログラムの茶が陸揚げされるようになったといわれています。

一七一九〜二五年から一七四九〜五五年には、広州からの茶輸出量は、年平均六・七パーセント上昇しました。これらの商品は、ケープルートでヨーロッパに送られたのです。アジアからは、香辛料ではなく茶が、主要輸出品として輸出されるようになります。

このような変化は、使用される船舶のトン数の変化に表れました。表3は、アジアからヨーロッ

表3　アジアからヨーロッパに向かう船舶のトン数

年度	トン数	年度	トン数
1601-10	58,200	1701-10	150,168
1611-20	79,185	1711-20	198,677
1621-30	75,980	1721-30	348,024
1631-40	68,583	1731-40	367,367
1641-50	112,905	1741-50	340,012
1651-60	121,905	1751-60	417,359
1661-70	121,465	1761-70	433,827
1671-80	125,143	1771-80	461,719
1681-90	172,105	1781-90	501,300
1691-1700	171,540	1791-95	261,804

（出典）Jan de Vries, "Connecting Europe and Asia: A Quantitative Analysis of the Cape-Route Trade, 1497-1795," in Dennin Flynn, Arturo Giráldes and Richard von Glahn (eds.), *Global Connections and Monetary History, 1470-1800*, Aldershot, 2003, p.61, table 2.4.

パに向かう船舶のトン数を示したものです。この表からわかるように、アジアからヨーロッパに向かう船舶のトン数は、この二百年のあいだに大きく増えています。おそらく、アジアからヨーロッパに輸出される茶の量が大幅に増えたのでしょう。

どういう理由かはわかりませんが、一八世紀になると、ヨーロッパにおいて、香辛料の需要は大幅に減ります。それはまた、ヨーロッパにとって、東南アジアの重要性が低下したことも意味します。

たしかに、オランダ人は、インドネシアで砂糖を生産していました。しかし、インドネシア産の砂糖は、アジアの内部で消費されており、ヨーロッパまで輸出されることはほとんどなかったのです。

アジアから喜望峰経由でヨーロッパに送られた商品は、当初は奢侈品でしたが、やがて生活必需品に変わっていきます。アジアではコーヒーも生産していましたが、砂糖と同様、ヨーロッパに輸出されたのは新世界産のものが中心でした。茶と綿だけが、アジアの産品として、新世界よりも多くヨーロッパに輸出されました。しかし綿は、やがて大西洋貿易を拡大させたイギリス人の手で、イギリスからアジアに輸出されることになりました。

イスラーム商業とヨーロッパ地中海はともに衰退

イスラーム商業の衰退とは、アジアからヨーロッパに輸出される商品が香辛料から茶に変わり、しかもそれがヨーロッパの船舶を使用することによって起こったと思われます（少なくとも部分的には）。元来、インド洋から東南アジアに至るアジアの海は、多数の異文化からなる交易圏であり、そのなかでもっとも重要だったのは、おそらくムスリム商人でした。

しかし、ムスリム商人は、イギリスとオランダの東インド会社の船舶により、輸送を奪われていったものと思われます。イスラームの船ではなく、ヨーロッパの船がアジアで活躍するようになったことは、イスラーム諸国にとって大きな痛手だったでしょう。

さらに、大西洋経済の台頭により、もしかしたらアジアから大量にヨーロッパに輸出される可能性があった砂糖やコーヒーが、おおむねアジア内部の消費にとどまるようになったのです。しかも、綿織物の生産の中心はインドからイギリスへと移動しました。

そもそも、ヨーロッパは、アジアが欲するものを供給できませんでした。しかし、ヨーロッパが欲するものは、アジアからヨーロッパ船によって輸送されることになりました。さらに、アジアが必要とした綿織物は、イギリスからイギリス船でアジアに供給されます。

インド洋におけるムスリム商人の地位低下が、ここから読み取れるように思われます。しかも、アジアとヨーロッパの交易で、オスマン帝国領を航行する必要はなかったのです。

たしかにオスマン帝国は、地中海では一八世紀においてもなお重要な市場でした。しかしそれは逆にいえば、商業的価値の低下したオスマン帝国に頼るほかなかったヨーロッパ地中海世界の衰退を意味していたのではないでしょうか。

北西ヨーロッパ諸国の台頭は、大西洋経済との紐帯が強かったことによるものであり、その大西洋経済で大きく台頭したからこそ、彼らはアジアにまで進出できたと考えられます。

第　三　章

イギリスは
なぜ世界の
トップに立てたのか

1．イギリス帝国の始まりとエリザベス一世
――世界の辺境から中央に

ややこしい国イギリス

イギリスという国の正式名称が、「グレートブリテンおよび北アイルランド連合王国」ということは、多くの人に知られています。どうしてこのようなひどく長い名前がついたのか、不思議ではないでしょうか。

単純にいうと、イギリスはイングランドとスコットランド、さらにウェールズ、アイルランドが合併してできた国です。さらに、イギリス本国とかつての植民地であった国家連合を、イギリス連合（ブリティッシュ・コモンウェルス・オブ・ネーションズ、British Commonwealth of Nations）といいます。

なんだか、すごくややこしい国だということがわかります。これは、イギリスが世界中に植民地をもっていたことに由来します。地図7をご覧いただければ、イギリスがいかに多くの植民地を保有していたのかということが、すぐにわかります。

地図7　イギリスの統治の経験を有する地域

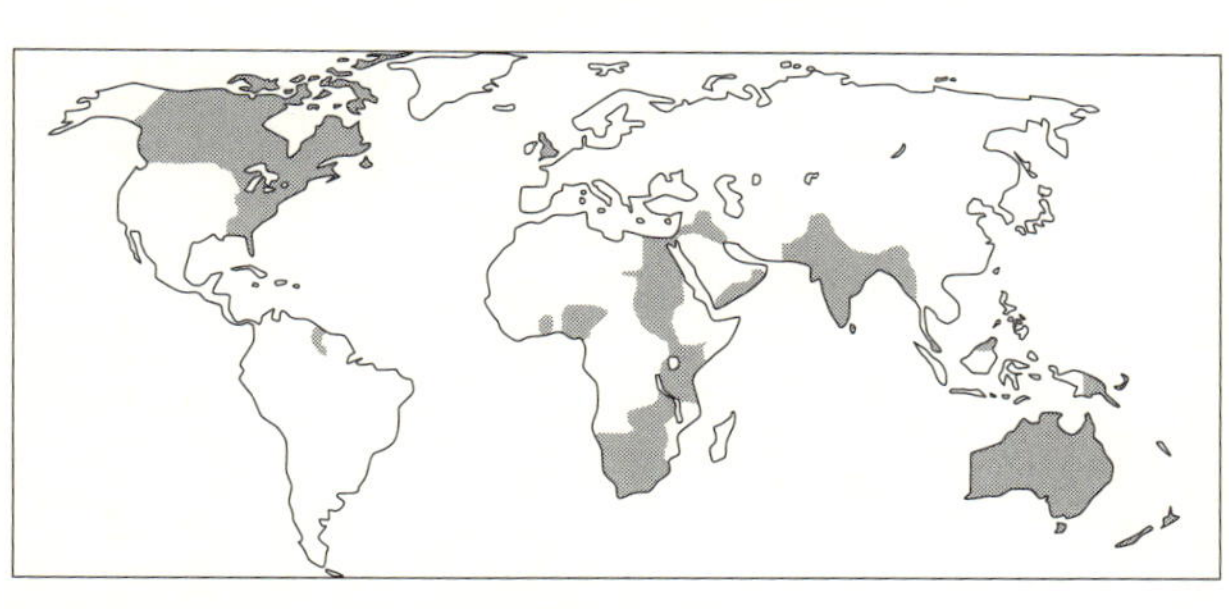

（出典）玉木俊明『海洋帝国興隆史』講談社選書メチエ、2014年、41頁

イギリスの国制は、古い旅館に似ています。そのときどきに応じて適当に建て増ししたので、さっきまで旧館の二階を歩いていたのに、いつの間にか新館の三階を歩いていたというようなことが起こります。

たとえば、イギリスの財務大臣は"Minister of Finance (Treasury)"ではなく、"Chancellor of the Exchequer"です。これは、中世には、国王の金庫の管理人を意味していた用語でしたが、その一部であった財務府"Treasury"が大きくなり、実質的に財務府（大蔵省）の役割を担うようになってからも、なお"Chancellor of the Exchequer"を使い続けています。

さらに、イギリスの皇太子は"Prince of Wales"といいますから、直訳すると、ウェールズ皇太子です。しかも、この皇太子は、スコットランドの民族衣装であるタータンチェックを身にまとっています。

このように、イギリスという国は、どういう国制を採用しているのか、よくわかりません。イギリスは、一五世紀半ば、フランスとの百年戦争に敗北してから、戦争に負けたことがない国です。そのため、国制の根本的な改革の必要性を感じないまま、現在に至っています。しかも、その間に世界的な帝国を形成したのですから、イギリスの国制のわからなさといえば、ため息が出るほどです。つぎはぎだらけのモザイクでできているかのようです。だからこそ、先日、イングランドがEUを離脱しようとし、スコットランドはとどまろうとするという、一つの国家内での選択肢の相違が生まれたのです。

北海帝国に占領されていたらイギリスは存在しなかった?

もともとイギリスの大ブリテン島(東側の島)には、前九世紀頃から、ケルト系の民族が住み着いていました。しかし前一世紀にローマ人が侵入すると、ローマ人が支配層となり、その下にケルト人が位置するという構造になります。

ところが前五世紀にローマ人がこの島を去ると、ゲルマン民族が新たに支配層となり、大ブリテン島南部は、ゲルマン民族のアングロ・サクソンが建てた七王国の時代に突入します。ただし、ウェールズにはゲルマン民族の文化は浸透せず、ケルト文化が残ります。

地図8 北海帝国領土（ノルウェー・デンマーク・イングランド）

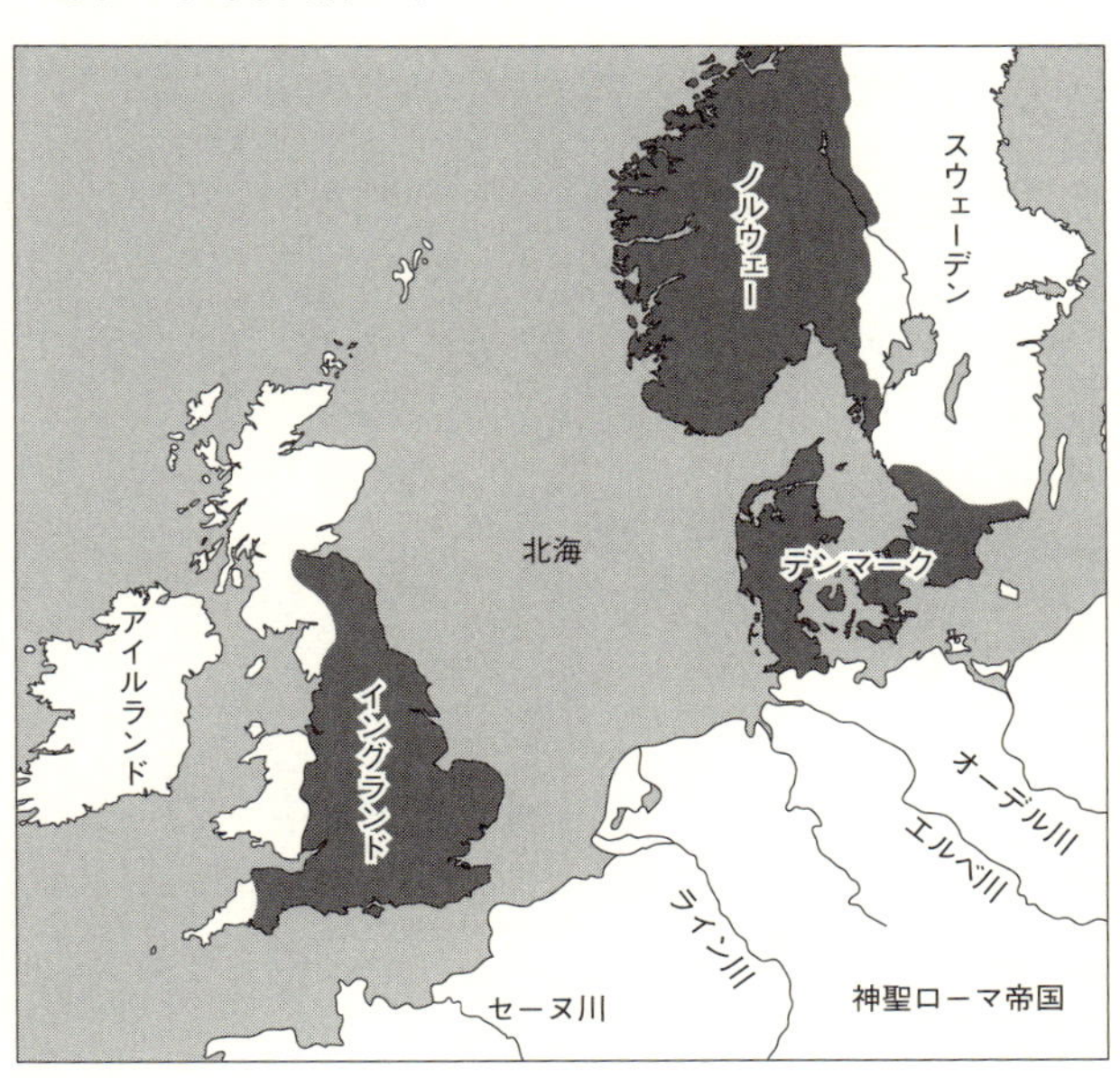

さて、このようななか、一〇一三年にデンマークのカヌート（クヌート）大王（在位一〇一六～三五）によって、イングランドはデンマークの一部となり（北海帝国と呼ばれます）、一〇四二年まで続きます。

そして、イギリス史上もっとも重要な事件といっても過言ではない「ノルマン征服」が、一〇六六年に起こります。フランスのノルマンディー公ギヨーム二世がイングランドに攻め入り、ヘースティングズの戦いでイングランド軍を破ってノルマン朝（一〇六六～一一五四）を開き、イングランド王ウィリアム一世として即位します。

一一五四年には、フランス貴族であったアンジュー伯アンリがイングランド王ヘンリー二世となり、プランタジネット朝が成立します（一一五四～一三九九）。これは、アンジュー帝国とも呼ばれます。

地図９　アンジュー帝国の領土

よく知られていることですが、この王朝は、フランスではフランス王の臣下、イングランドではイングランド国王になります。アンジュー帝国の領土は、地図上でも広大なものでした（地図９参照）。イギリスの公用語は、フランス語になります。英語は土着の言葉になり、長期間にわたり歴史の表舞台から姿を消します。

イギリス史の研究ではおそらくいわれていないことだと思われますが、イギリスは、カヌートの北海帝国によって、長期間にわたり占領される可能性もあったと私は考えています。

イギリス（少なくともイングランド）は、北海帝国とアンジュー帝国によって分割統治され、北欧とヨーロッパ大陸の一部になり、それが永続したかもしれないのです。すなわち、イギリスという国は存在せず、したがってイギリス帝国もなかったということは、十分にありうるのです。もしそうなっていたとしたら、世界史は、大きく変わっていたはずです。

明らかなことは、中世盛期のイギリスは、ユーラシア大陸の端のヨーロッパのそのまた辺境にあった地域であり、しかも、島国として存在しえた可能性は低かったということです。

イギリス誕生の真相は？

イギリスは、中世のあいだに、フランスとの戦争によって、フランスにもっていた多くの領土を失っていくといわれます。しかし、私には、それが正確な表現だとは思われません。そもそも「イギリス」は本来、アンジュー帝国の一部であり、アンジュー帝国ないしプランタジネット朝が、徐々に崩壊し、イギリスとフランスという国が形成されていったという表現の方が正しいと思うのですが、いかがでしょうか（フランス側からみると、アンジュー帝国の大陸側領土がフランスに編入されていくのです）。

戦争というものは、いつの時代も、ナショナリズムを高揚させます。イギリスのナショナリズムも同様であり、イギリス―フランス間で戦われた百年戦争（一三三七～一四五三）のあいだの一三六二年、イギリスで英語が公用語として認められます。おそらくこのときこそ、今日に至るイギリスという国家の誕生の年といえるでしょう。

背に腹は代えられなかった海外発展

イギリスは、百年戦争に敗北を喫します。カレーを除いて、イギリスは海外の領土を失います。イギリスでは、百年戦争が終結した二年後の一四五五年から三〇年間、ばら戦争が戦われ、テューダー朝が誕生し、イギリス近代国家の礎が築かれます。

ヘンリー八世の統治下（在位一五〇九～四七）、イギリス国教会が設立され、ローマ・カトリック教会と絶縁します。またヘンリー八世の時代に、ウェールズがイングランドに編入されます。

その子、エリザベス一世の統治時代（在位一五五八～一六〇三）の時代には、イギリス国教会体制が確立します。彼女の統治期は一般に経済的繁栄の時代とされますが、実はイギリスの国民的産業であった毛織物輸出では不況の時代でした。そればかりか、一六〇一年には救貧法を発布するなど、貧民対策に苦しんだ時代でもありました。

しかしまた、この時代は、海外発展の時代でもあったのです。

イギリスは、未完成の毛織物をアントウェルペンに輸出し、そこで完成品となった製品をさまざまな地域に売っていました。イギリス産の未完成毛織物がアントウェルペン市場で売れなくなったので、一五五一年にはモロッコに、五三年にはギニアに船が送られ、さらに同年、ロシアとの交易を目指し、スカンディナヴィア半島の北側を回る北東航路での航海がなされます。さらに一五七〇年代になると、レヴァント地方（主にオスマン帝国）と直接貿易する試みがなされます。

ネーデルラント（現在のオランダとベルギー、ルクセンブルク、北フランスの一部）は、一五六八年よりスペインからの独立戦争をしており、そのためスペインは八五年、ネーデルラント最大の商業都市であるアントウェルペンを陥落させます。アントウェルペンは南ドイツの市場と強い結びつきがあり、さらにアルプスを越えたイタリア市場との関係も強く、イベリア半島を通じて南米ともつながっていました。

イギリスは、輸入においても、これらの地域と直接取引することを余儀なくされました。輸出入の両方で大きく依存していたアントウェルペン市場を失うことで、エリザベス一世時代のイギリスは、さまざまな地域に出かけていくことになったのです。

それが、イギリス帝国の始まりでした。イギリスは、単なる島国ではなくなっていくのです。

2．例外的なイギリス

ピューリタン革命というよりは三王国戦争――クロムウェルの登場

イギリスには、典型的な市民社会が誕生したと、かつては考えられていました。

一六〇三年にエリザベス一世が亡くなると、スコットランド王ジェームズ六世がイングランド王ジェームズ一世として即位します（在位一六〇三～二五）。これが、イングランドとスコットランド合同の開始でした。この二国が正式に合同するのは、一七〇七年のことです。

そして、ジェームズ一世の子チャールズ一世（在位一六二五～四九）が圧政を加えたために典型的な市民革命であるピューリタン革命が起こり、国王が死刑になり、封建的な体質が一掃され、イギリスは近代的な道を歩むことになるというように理解されていました。いや、今日でさえ、山川出版社の『世界史用語集』にも、そのように書かれています。

しかし専門家のあいだでは、そのようには論じられていません。これはイングランド、スコットランド、アイルランドという三つの王国による戦争であり、イングランド中心の「ピューリタン革命」というのは、一七世紀中頃のイギリスの騒乱状態を記述するには適切ではないとする見解の方が強くなっています。

ピューリタン革命と呼ぼうが、三王国戦争と呼ぼうが、イギリスは基本的には変わりませんでした。国王は亡命先のフランスから帰国し、ジェームズ二世（在位一六八五～八八）となりました。支配階級は、依然として貴族と地主でした。

クロムウェルという人物は一般に、イギリスの内乱で議会軍を破って護国卿となり、アイルランドを併合したり、スコットランドに侵攻したことで知られます。それ以外にもクロムウェルが消費税を導入し、航海法を施行したことは、のちのイギリスにとって大きなプラスになりました。

例外的なイギリス――「国家の見える手」によって繁栄

イギリスの国制の変化は、王政復古があった一六六〇年以降、とくに名誉革命（最近ではクーデタという言い方さえされます）以降、フランスとの戦争により生じました。

対仏戦争遂行のため、イギリスは巨額の借金をします。正確にいうなら、国債を発行します。その返済のために、消費税が使われました。戦争により、イギリス政府の財政はどんどん肥大化していきます。

一六五〇年頃のイギリスでは、国民所得の三～四パーセントが税として徴収されていました。

一七一四年にハノーファー朝が創始されたときには、イングランドとスコットランドの国民所得の九パーセントが税として徴収されていました。イギリスの税額は、それ以降もずっと上昇します。イギリスは戦争のたびに借金をし、そのために国債を発行し、その返済額はきわめて巨額になります。

スペイン継承戦争によって、イギリスの債務は一六〇〇万四〇〇〇ポンドから五三〇〇万七〇〇〇ポンドへと拡大しました。その返済のために、南海会社が設立されます。

そして、一七二〇年には、イギリスの公債を南海会社が引き受けることになりました。同社が大きな利益を出すことが期待されたので、株価は大きく上昇しますが、その後、たちまちのうちに低下します。これが、「バブル」という用語のもとになった南海泡沫事件（South Sea Bubble）です。

この事件以降、イギリスの金融政策は、一六九四年に創設されたイングランド銀行に集中されるようになり、イギリスの金融・財政システムは中央集権化します。

ヨーロッパの他の国々では、金融・財政システムがイギリスのように中央集権化するのは一九世紀のことであり、イギリスは、それより一世紀早く中央集権化したのです。前章でも紹介したパトリック・オブライエンは、これを「例外的なイギリス」と呼びました。

イギリスは、スミスの言うような「神の見えざる手」ではなく、「国家の見える手」によって繁栄したのです。

クロムウェル最大の貢献——オランダ船を排除した航海法

「例外的なイギリス」は、金融・財政システムの中央集権化だけにみられたわけではありません。海運業の発展も、「例外的」といえる現象だったのです。

しかし、イギリスは最初から海運業が盛んな国というわけではありませんでした。一五六〇年においては、イングランドは、オランダ、スペイン、ポルトガルはいうに及ばず、ハンブルク、さらにはリューベックと比べてさえ劣っていたのです。

クロムウェルが一六五一年に最初の航海法を発布して以来、イングランド（一七〇七年以降はイギリス）は一六六〇年、六三年、一七三三年、六四年と、繰り返し同法を発布しています。

航海法は、オランダ船の排除を目的としていました。当時、ヨーロッパで最大の商船隊を有していたのはオランダであり、ヨーロッパの多数の商品が、オランダ船を使って輸送されていました。イギリスは、航海法を軸としながら、オランダ船を排除する体制を築き上げていったのです。

この法は、消費税とともに、クロムウェルが残した大きな遺産です。クロムウェルがいなかったなら、イギリスの発展はなかったと考えられます。

イギリスは、大西洋貿易でも、ヨーロッパ内部の貿易でも、オランダ船の排除に成功していきます。これも、「例外的なイギリス」を示す一例というべきでしょう。

イングランド人が所有する船舶のトン数は、大きく増加します。一五七二年には五〇〇〇トンだったのが、一七八八年にはなんと一〇五万五〇〇〇トンへと、二〇〇年間ほどで二一一倍にまで増加したのです。

イングランド船を使用するということで、オランダに輸送料を支払う必要がなくなりました。それは、国際収支の改善に大きく役立ったと推測されます。イギリスは、保護海運業政策で経済力を大きく伸ばしたのです。

一見、これは、自由貿易を原則としたオランダとは大きく異なるシステムであったかのように思われます。

一七世紀のオランダは、自由貿易を主張されたとしばしばいわれます。しかし、その証拠とされるグロティウスの『海洋自由論』では、ヨーロッパにおいては自由貿易を唱えていたものの、東インド貿易では保護貿易論者であったことは忘れられています。彼はかなりの日和見主義者であり、オランダ経済のイデオローグでもありました。

ただし、オランダとイギリスの海運業のシステムには大きな差がありました。オランダは、イギリスほどには広大な帝国を形成することなく、商人がみずから海運業を拡大していったのです。それに対しイギリスは、まず帝国内部の海運業を自国船で行い、ついでイギリスの勢力下にあった「帝国」――公式非公式を問わず――内部で、そして最後に世界中でイギリス船を使用するようになったのです。ここでも、イギリスとオランダの海運業のあり方は、大きく違っていたことがわかります。

イギリスだけが産業革命を成功させたのはなぜだろう

大西洋貿易の特徴は、アフリカ西岸から新世界へと奴隷を送り、そこで砂糖を生産するという点にありました。イギリスもその例に漏れません。しかし、イギリスはそれに加えて、奴隷が綿花を栽培するという「例外性」があったのです。

イギリスが輸入した綿花がイギリスで綿製品となり、産業革命を引き起こしたことは、広く知られています。しかしそれは、大西洋貿易全体をみれば、まったく例外的現象だったのです。

イギリスの大西洋貿易だけが、産業革命を生み出したことは、忘れてはなりません。そして、それが世界の歴史に大きな変革をもたらしたことも忘れてはならないと思います。

イギリスだけが綿の重要性に気がついていたとさえいえるでしょう。

一般に、イギリスはインドから輸入される綿製品＝キャラコの代替産業として、綿業を発展させ、産業革命を成功させたといわれます。しかし、アジアでインド綿の輸送をしていたのは、オランダ人でした。また、キャラコは、イギリスのみならずヨーロッパ大陸でも売られていました。そう考えると、ヨーロッパ大陸の国々も、そしてとくにオランダは、輸入代替産業として、綿業を発展させることができたはずです。

しかし、イギリスだけがそれに成功したのです。これは、歴史上、きわめて大きな謎といえるでしょう。

植民地と本国の一体性――イギリス帝国の強み

さてここでまた、砂糖輸入の話に戻りましょう。イギリスが輸入した砂糖の多くは、国内で消費されました。そのため消費生活のパターンが大きく変化する「生活革命」を生じさせることができたのです。ところが、他の国々の砂糖は、いったん本国に送られたのち、ふたたび輸出されることが多かったのです。

一八世紀において、スペイン、ポルトガル、フランスが新世界から輸入した砂糖のうち、少なからぬ割合がハンブルクに再輸出され、そこで製糖されてまた輸出されました。

たしかに、西欧諸国は、ヨーロッパ外世界へと大きく発展します。新世界、アフリカ、アジアの国々が、ヨーロッパ諸国の植民地になります。しかし、凝集力のある「帝国」を形成できたのは、イギリスだけだったといってよいでしょう。

たとえば、イギリス帝国とは、財政面で一体化した帝国でした。現在の研究では、すでに七年戦争（一七五六〜六三）のあとで、イギリス帝国の財政において、インドが重要性を増してきたことが知られています。

インドからイギリスには、本国費（home charges）という資金が送られます。インドは、本国の財政、さらにはイギリス帝国の財政にとってきわめて大きな位置を占めます。財政面からみるなら、イギリス帝国の凝集力は、他のヨーロッパ諸国が形成した帝国の追随を許さないほど強固であり、多くの植民地が、本国経済のために奉仕したのです。

財政的にはこのように一体化していたのですが、それぞれの国の事情に応じて、統治方法は多様でした。それが、イギリス帝国の複雑さの原点となっているのです。

3. 国際貿易商人の典型だった ロビンソン・クルーソー

教科書にも影響を与えた大塚久雄の業績

大塚久雄（一九〇七〜九六）といえば、日本を代表する知識人であるばかりか、経済史家として初めて文化勲章（一九九二）をもらったことでも大変有名な人物です。死後二〇年が経とうとしているというのに、その著作が売れているという稀有な研究者です。

大塚久雄の経済史は、比較経済史と呼ばれ、世界で最初に近代化を達成したイギリスを模範として、他の国がどれほど遅れているのかという観点から各国を比較しました。一つの国家が一つの経済を形成するという「国民経済」を早く形成できたイギリスこそ、資本主義の代表的な国だと考えたのです。

このような観点からの歴史学は、いまなお高校の教科書などに影響をもち続けているように思われます。

毛織物工業従事者は悪代官？

大塚久雄は、近代化の要因として、商業ではなく農業を重視しました。独立自営農民（イギリスの場合は、ヨーマン）が、近代国家を形成する母体となると考えたのです。都市ではなく、農村で毛織物工業が発展し、イギリスにおいてはその担い手がヨーマンであったということなのです。

大塚は、ドイツ人マックス・ヴェーバー（一八六四〜一九二〇）の影響もあり、近代化のためには合理的な考え方をする人間が登場する必要があると考えました。単純にいうと、投機的な商業ではなく、農業に従事して地道に利益を出すという人たちこそ、近代化にとって重要であると主張したのです。

そういう人たちが、毛織物工業を始めます。都市の織物工などは大変な悪者で、前近代的な人々です。日本の時代劇でいうと、悪代官のようなイメージがあるような人たちです。そういう人たちの妨害に屈せず、最終的には農村工業に従事する人たちが勝利を得るという、いわば勧善懲悪のストーリーが、大塚の議論の特徴だと言えるでしょう。

そして大塚久雄は、典型的な近代人として、ダニエル・デフォー（一六六〇〜一七三一）が書いた『ロビンソン・クルーソー』の主人公を取り上げます。

実際は商人のロビンソン・クルーソー

日本の経済史学界では、ダニエル・デフォーが描いたロビンソン・クルーソーは、中産階級を代表する農民であると位置づけられています。ここでは、大塚久雄『社会科学の方法』(岩波新書、一九六六年)にもとづいて、ロビンソン・クルーソーについて述べてみましょう。

大塚は、ロビンソン・クルーソーをもともと投機的商人であったと言います。彼は孤島に流され、たった一人で二〇年以上暮らすことになります。そして流れ着いた土地で、自分こそ、この土地の主人だということを宣言するのです。さらに当時の第二次エンクロージャー(農地の囲い込み)運動の影響を受けて、無人島の土地を囲い込み、農業生活を送るのです。

大塚によれば、ロビンソン・クルーソーは、元来、冒険的な商人であり、一攫千金を目指していました。そのことを反省して、貸借対照表をつくり、合理的な計算をした生活を営むようになるのです。イチかバチかの投機的事業を特徴とする商人の世界とはまったく対照的な農民の生活を送ります。やがて彼が発見され、故郷のイギリスに帰ると、商人をやめ、地主になり、より地道な生活を送るようになるのです。

大塚は、孤島でのロビンソン・クルーソーの生活様式は、当時台頭しつつあった農村工業を営む中産階級そのものだと言います。

大塚久雄の誤解

ロビンソン・クルーソーに関するこのような見方は、長く信じられてきたように思われます。いや、現在もなお、信じられていると言ってよいのではないでしょうか。しかし本当は、ロビンソン・クルーソーは当時の商人の代表であって、決して農民の代表ではありません。彼の生活様式、さらには生涯そのものが、国際商業に従事した商人の人生を体現しているのです。

ロビンソン・クルーソーは、孤島に難破すると、まず、命が助かったことを神に感謝します。そして、船のなかに残っていた小麦や鉄砲、弾薬などをもちだし、住居を囲い、自分はそこの主人であると宣言します。大塚久雄の考えでは、これは当時のエンクロージャーと同じ行為をしているのです。それと同時に、ヤギを飼い、小麦をまき、食糧を増やしていきます。

なるほど、たしかにこれらは、農民の生活そのもののように思われます。しかし、実のところこのような合理性は、商人にもあったのです。というか、合理的な生活習慣とは、まさに商人の習慣そのものです。そもそも商人は、できるだけ商業のリスクを少なくするために、できるだけ経済合理的な活動をしたからです。

さらに、ここでまた重要なことは、誰のものかわからない土地に漂流したのに、「ここは俺の土地だ」と宣言したことです。これは、ヨーロッパ人の帝国主義の特徴を表すものです。考えてみれば、ひどく自分勝手な態度なのです。

ロビンソン・クルーソーは、漂着してから、毎日日記をつけます。さらに、損益計算書まで作成します。彼は、孤島での生活があたかも一つの経営であるかのごとく簿記をつけ、損益勘定を行います。

このように、着実に成功しようという生活習慣は、当時の中産社会層のものであり、冒険的な事業を行う商人とは正反対の習慣であったと、大塚は言います。ロビンソン・クルーソーは、商人であった過去の荒稼ぎの習慣を反省し、農村の中産社会層の生き方を身につけたと、大塚は説明します。

ところが、大塚の説明は、いくつもの点で当時の社会の現実を表していません。損益計算書を作成し、簿記や日記をつけるのは、当然ながら、商人の特徴です。だいたい、農民がどうして損益計算書をつけるのでしょうか。商人は、イチかバチかの商業をするのではなく、緻密にリスクを計算し、そのうえで冒険的事業に乗り出すのです。商売にリスクはつきものですが、それをできる限り少なくすることが重要でした。

大塚久雄は、すでに述べたように、農村の毛織物工業からイギリス近代が生まれたと考えていました。そういう観点から、ロビンソン・クルーソーを代表的な農民であるという前提に立って

『ロビンソン・クルーソー』を読んだのです。しかしこの人物は、大塚の考えとはまったく逆に、当時の国際貿易商人の典型であったというべきなのです。

国際貿易ネットワークで活躍した商人の人生

たとえば、ロビンソン・クルーソーの父は、ドイツのブレーメンに生まれています。そして、イギリス東岸の港町であるハルにやってきます。さらに、ヨークシャーに移り住みます。これは、当時の北海貿易に従事する典型的な商人の移動パターンといえるでしょう。

息子のロビンソンは、このような父の影響を受けて、国際商業に乗り出します。まず地中海にまで行き、そこでバーバリ（イスラーム教徒の）海賊につかまってしまいます。次に、ブラジルでは農場を経営します。さらに、大塚久雄は知らなかったようですが、カリブ海の島に漂着します。やがて故国であるイギリスに帰ると、地主として生活します。大塚久雄は、これを、投機的な商業からの撤退だと考えます。実際、そう考えている歴史家は少なくありません。

この当時、イギリスの商人は地中海でも事業をしており、バーバリ海賊に捕虜にされることも決して珍しくありませんでした。さらにロビンソン・クルーソーは国境とは関係なく、ポルトガル領であったブラジルで農場に投資しています。そのブラジルからカリブ海に行くときに漂着した島は、西インド諸島にありました。

奴隷を使用した砂糖の生産で知られるこの西インド諸島というのが、またイギリス経済にとって重要だったのです。

さらに、ロビンソン・クルーソーは、ブラジルで奴隷貿易もしていました。ブラジルから西インドへの航海とは、セファルディムの航路でした。ロビンソン・クルーソーは、このような国際貿易商人のネットワークのなかで活躍したのです。

またどの国でも、商人が引退後に地主になるのは、頻繁にみられました。当時の船舶での生活は体力を消耗したので、貿易活動とは、決して長く続けられるものではなかったからです。だからこそ、商人は引退すると、商業で儲けたお金で土地を購入し、地主になって余生を送ったのです。

商人の文学を書いたダニエル・デフォー

ここで述べた通り、ロビンソン・クルーソーは当時の国際貿易を体現した商人だったのであり、決して農村工業で活躍する中産階級の代表ではなかった点は、大いに強調すべきです。実際、著者のデフォーは、『完全なるイギリス商人』という本も書いています。

中世のイタリアでは、商業の実務書として「商人の手引」と呼ばれるものが作成されます。当初は手書きでしたが、やがて、印刷されます。「商人の手引」はヨーロッパ各地で書かれるようになり、その最高傑作は、一六七五年にフランスのジャック・サヴァリが著した『完全なる商人』です。デフォーは、この本のタイトルを意識して、『完全なるイギリス商人』を書いたのでしょう。

これらのことからも、デフォーの作品が、農村工業を描いたとは考えられないことがおわかりいただけるでしょう。そもそも、ロビンソン・クルーソーは、北海・バルト海・地中海・大西洋を行き来した国際貿易商人であったのですから。

ダニエル・デフォーの作品は、当時の商人ないし商業の世界をより深く理解するために使うことができるでしょう。デフォーの作品、なかでも『ロビンソン・クルーソー』を読むことで、ヨーロッパ商業のあり方がわかると言っても過言ではありません。

4. イギリス人はなぜ紅茶を飲むようになったのか

飲んでいたのは密輸品

イギリス人は、紅茶をよく飲みます。

イギリスには一七世紀中頃から、コーヒーハウスという文化がありました。しかし、一八世紀には紅茶の国へと変貌します。それにはいろいろな原因があるでしょうが、インドを植民地にしたことが大きく影響していたことは間違いありません。

イギリスは、さらに中国の広州からも茶を輸入します。こうしてイギリスは、世界一の紅茶輸入国となったのです。

イギリスが輸入する茶は、イギリス東インド会社が輸入するものということになっていましたが、ここに大きな問題がありました。茶にかかる関税が、高いときには一一九パーセントもあったのです。これでは、ふつうの人々は茶を飲めません。

にもかかわらず、イギリス人は茶を飲む国民となりました。それは、イギリス人が飲む茶がイギリス東インド会社が輸入したものだけではなかったからです。

もし世界的な商人ネットワークがなければ、イギリスは紅茶の国にはなっていなかったかもしれません。

イギリス人が飲む茶には、密輸されたものが大量に含まれていたのです。

大がかりな茶の密輸――スウェーデン東インド会社

スウェーデン東インド会社は、一七三一年に特許状を与えられて創設され、一八一三年に解散した会社です。その本拠地は、スウェーデン西岸のイェーテボリにありました。現在、それは博物館になっています。

スウェーデン東インド会社は、八〇年余りにわたって活動しました。その間に、一三二回のアジアへの航海をしました。広州へは一二四回、広州とインドへは五回、インドだけに向かったのは、三回にすぎません。

特許状によると、スウェーデンの喜望峰以東のすべての地域との貿易独占権が付与されていましたが、現実にはスウェーデン東インド会社の貿易とは、広州との貿易を意味しました。

スウェーデンから輸出するものはほとんどなく、スウェーデン東インド会社は中国からの輸入貿易に専心していました。同社が輸入する商品の大半は茶だったのです。スウェーデン東インド会社の輸入額に占める茶の比率は、一七七〇年には六九パーセントだったのが、八〇年には八〇パーセントに上昇したのです。

この会社には広州に在外商館がありました。しかし海外領土も植民地もなく、従業員数は二五〇～三〇〇人程度しかいませんでした。軍隊まで有していたイギリスやオランダの東インド会社とはまったく規模が違います。スウェーデン東インド会社の広州からの輸入品の多くは茶であり、それはイェーテボリで競売にかけられました。

同社は、一七二二～二七年という短期間しか活動しなかったオーステンデ会社と強いコネクションがあったのです。

オーステンデ会社は、その名の通り現在のベルギーのオーステンデを本拠地とするオーストリア領ネーデルラントの貿易会社でした。スウェーデン東インド会社に参加した人々には、この会社で貿易活動を営んでいた人が多かったのです。ある面、後継会社といえるでしょう。これは、国際貿易商人のあいだのネットワークの強さを示す事例といえます。

スウェーデン人は、茶ではなくコーヒーを飲む人々です。したがって当然、茶の多くは再輸出されたものと考えられます。スウェーデン東インド会社の再輸出額は、総輸出額の二〇～三〇パーセントを占めたといわれています。

これらの茶は、まず、オランダとオーストリア領ネーデルラントに向かいました。それは、旧オーステンデ会社との関係があったからです。そして、そこからさらに、ドイツの後背地、フランス、スペイン、ポルトガル、地中海、さらにイギリスに輸送されることになりました。

イェーテボリから最終的にイギリスへ輸出された茶は、密輸された可能性がきわめて高いのです。イギリスはヨーロッパ最大の茶の消費国でした。イギリスへ輸出された茶は、イェーテボリから直接イギリスに輸出されるのではなく、オランダとオーストリア領ネーデルラントに送られ、そこから再輸出されたと考えられます。スウェーデン茶は低級品であり、密輸品であれば、低所得者層も入手することができたのです。

一七四五～四六年の推計では、イギリス人が茶の密輸のために支払った金額は年間およそ八〇万ポンドでした。それは、約一五〇〇トンの茶を輸入するのに十分な額だったのです。イギリスの茶市場はイギリス東インド会社が独占しており、関税が高かったので、茶はきわめて高価な商品になりました。

しかし一七八四年にはイギリスの首相ウィリアム・ピットの減税法（Commutation Act）が実施され、茶への税率が一一九パーセントから一二・五パーセントへと削減されました。そのため、茶の価格は低下し、密輸する必要性はなくなったのです。

けれども、それまでは、スウェーデン東インド会社の茶がおそらくイギリスに持ち込まれ、低所得者層が飲むものとなっていたのです。

フランスから密輸された高級茶――フランス東インド会社

一八世紀のフランスは、大西洋貿易ではイギリスと争うほどに貿易量を拡大しました。それを、「フランスの経済的奇跡」と言う歴史家もいます。しかしアジアでは、そこまで大きな活動はできなかったのです。

たしかに、イギリスやオランダと同じく、フランスも一六〇四年に東インド会社を創設しています。それは、六四年には国営会社となりました。そして一七一九年にはインド会社となり、東西インドの貿易を行うようになったのですが、三一年にはアフリカとルイジアナが切り離され、ふたたび東インド貿易がつくられます。しかし同社は、九五年に清算されました。

フランスにおける本拠地は、ブルターニュ地方のロリアンにあり、東アジアの拠点はポンディシェリ、シャンデルナゴルにありました。そしてフランス東インド会社は、茶の輸入で大きな役割を果たしました。

一七世紀終わり頃のブルターニュの人口は約二〇〇万人でした。これは、同時代のフランスの総人口の一〇パーセントにあたります。ブルターニュの港湾都市のうち、サン・マロはスペインに繊維品を供給し、フランス中の製造品をスペインに送りました。

サン・マロは、世界中と結びついた都市だったので、一七一三年にこの都市を出港したグラン・ドーファン号が、南米大陸最南端のケープ岬を経て、繊維品（リネン）をペルーに輸送したのち、アメリカ銀で中国商品を購入し、フランスに戻ったことがありました。

もともと、アメリカ産の銀は、中国で製品を買いつけるための代価でした。ところが一八世紀のうちにその比率は下がり、代わって繊維品、貴金属、奢侈品が使われるようになりました。

フランスの主だった商品はコーヒーと茶であり、茶の輸入量は、一七世紀終わり頃の一〇万（重量）ポンドから、一七世紀後半の二〇〇万ポンド弱へと急増しました。さらに、香辛料と胡椒、そして綿が重要な商品でした。

さて、ここで注目すべきは、茶の輸入です。フランスもスウェーデンと同様、茶ではなくコーヒーの消費国です。したがってこの茶もまた、世界最大の茶の消費国イギリスに密輸された可能性が高いことは言うまでもありません。広州からフランスには、多くの茶が輸出されていたのです。

一七四九～六四年には、広州からのフランスの輸入総額は、年平均で一一九二万五二八八リーヴル、一七六六〜七五年は一二二八万五七三九リーヴルでした。そのうちブルターニュが占める割合は、それぞれ四二・七一パーセント、五〇・一六パーセントだったのです。

この時代を通じて、茶の輸入に関しては、ブルターニュが占める比率は八二・四六パーセントもありました。しかも、その多くはナントに輸出されていたのです。

一般に、一八世紀のナントはフランス奴隷貿易の中心都市とみなされていますが、広州からの茶の輸入も重要であったことが付け加えられるべきでしょう。さらにフランス東インド会社の輸入品として、茶は、コーヒーよりも多いことがありました。

ブルターニュに輸入された茶は、主としてイギリスとオランダに輸送されました。オランダからどこにいったかはわかりませんが、イギリスに再輸出されるものも少なくなかったのではないでしょうか。

そもそもフランス人もオランダ人もコーヒーを飲む国民であり、輸入された茶が国内で消費されたことはほとんどありえず、イギリスに向かったと考えるべきです。しかもフランスの茶は高級であったといわれるので、イギリスの富裕層によって飲まれた可能性があります。

合法的なものより多かった密輸

イギリスは、一人当たりに換算すると、ほぼ間違いなく、一八世紀の世界最大の茶の消費国でした。ところが、その茶はイギリス東インド会社が輸入したものとは限らなかったのです。

そもそも、イギリスや英仏海峡、さらに北海に接する国々が行う中国との貿易は、イギリス人の多くが茶を飲むようになったことを基盤としていたと考えなければ、理屈が合いません。イングランドの茶の密輸入量は四〇〇万～七五〇〇万ポンドだと見積もられていますが、実はこの数値は、合法的輸入よりも大きいのです。

ヨーロッパ人にとって、茶が重要な密輸品であったことは、紛れもない事実です。イェーテボリやナント以外にも、広州からハンブルクに茶が輸出されていますが、この都市の後背地はエルベ川流域、さらにはバルト海地方であるので、そこに茶が輸出されることはなかったはずです。ハンブルクは「小ロンドン」とも呼ばれ、ロンドンとはきわめて密接な関係にあったのです。ハンブルクからロンドンに密輸したと推測すべきだと思われます。

密輸を促進するのは、しばしば、関税の高さです。イギリスの場合も、茶に対する関税の高さによるものでした。一七八八年に減税法が導入されるまで、茶に対する税率は八〇パーセントを下回ることはほとんどなく、一〇〇パーセントを超えることも珍しくはありませんでした。

茶は、イギリスのチャネル諸島、マン島を通って密輸されたといわれています。どちらもイギリスの関税とは違うシステムのもとで運営されていたからです。そして、密輸船はサセックス、ケント、サフォークに到着しました。

爆発的な伸びを示した中国の茶輸出

七年戦争が終わると、合法・非合法の貿易の両方に、大きな変化が生じることになりました。一七六三～六九年には、中国の茶輸出量がそれ以前の七年間と比較して七〇パーセント増加したのです。

イギリスの茶市場が増大したことは言うまでもありません。しかし、イギリス東インド会社の輸入量はたった二三パーセントしか上昇していません。それに対して、ヨーロッパ大陸の茶の輸入量の伸びは、五一パーセントもあったのです。

オーストリア継承戦争（一七四〇～四八）と七年戦争時には、ヨーロッパ大陸諸国には、イギリスに輸出するほどの茶が余っていたわけではなかったのですが、平時になると輸入量が急上昇しました。ヨーロッパ大陸諸国が一七六三～六九年に輸入した茶は、年平均一〇三〇万ポンドであり、その後一五年間は一三四〇万ポンドに達しています。

一〇年も経たないうちに、中国とヨーロッパの貿易は二倍近くに上昇したのです。一七八四年の減税法により、密輸への誘惑は減りました。一七八三／八四〜九二／九三年には、広州からの茶の総輸出量は二億八五〇〇万ポンドであり、それ以前の一〇年間と比較すると、一億ポンド以上増えています。イングランド商人が輸送する比率は五八・三五パーセント、他国の商人のそれは四一・六五パーセントとなっています。一七九〇〜九九年には、イギリス商人の比率が七七パーセント、他国の商人の比率が二三パーセントとなりました。広州からイギリスへと、密輸されることなく輸出される茶の量が増えたことは明らかです。

しかしながら、減税法が施行される以前には、おそらくイギリスへの最大の茶の密輸国はフランス、ついでスウェーデンであったといわれています。フランスからは高級茶が、スウェーデンからは低級茶が密輸入されました。両国は、イギリスが世界最大の茶の消費国になることを助けたのです。

イギリスは、砂糖は西インド諸島から、茶はアジアから輸入しました。それは、イギリス帝国がいかに拡大したのかを示します。しかし砂糖とは異なり、紅茶はイギリスの船で東インドや中国から輸入したものとは限らなかったことが重要です。密輸された茶がなければ、イギリス人は、これほどまでに茶を飲む国民にはならなかったかもしれないのです。

イギリス人の研究では、茶はすべてイギリス船によって輸入されたという印象を受けるでしょう。しかし、イギリス以外の国々の研究を参考にすれば、イギリスが、どれほどイギリス人以外の国際貿易商人によって商品を輸入していたのか（場合によっては密輸していたのか）ということがわかります。

イギリスは、決してイギリス人の力だけで茶を飲む国民になったわけではなかったのです。

5. 産業革命期の経済成長率は低かった⁉

経済成長率を推計する

「産業革命は、イギリスの田園的な世界をあっという間に工場が林立する世界へと変えた」。これは、長いあいだイギリスの産業革命に対する一般のイメージでした。しかし産業革命は、あっという間に世界を変えたわけではなかったのです。

一九六二年のディーンとコールによるイギリス経済成長の推計を扱った書物が上梓され、産業革命期のイギリスの経済成長率は思ったより低かったことがわかってきました。産業革命期イギリスの経済成長率の推計値は、だんだんと低くなる傾向にあります。

もとより残存しているデータが少ないので、正確な経済成長率を知ることは不可能です。データをどのように加工するかで、成長率は大きく変化します。したがって、細かな成長率の相違を論じることに、あまり意味はありません。ともあれ確実なのは、イギリスの経済成長率は、産業革命と呼ばれる一七六〇～一八三〇年頃においては、決して高くはなかったことです。

たとえば、イギリスの国民所得を分析したクラフツによれば、イギリスの国民所得の上昇率（年率）は、一七〇〇年から六〇年までは〇・三パーセント、一七六〇年から一八〇〇年までは〇・一七パーセント、一八〇〇年から五〇年までは〇・五二パーセント、三〇年から七〇年までは一・九八パーセントでした。グレゴリー・クラークの計算によると、一人当たりの成長率は一七六〇～一八〇〇年には年平均に換算して実質ゼロだったのです。

したがって、こういう疑問が湧いてきました。なぜ、産業革命期イギリスの経済成長率は低かったのか、と。

「クラウディング・アウトがあったために低かった」のか？

産業革命期イギリスの経済成長率の低さに疑問を呈したのは、アメリカの計量経済史家ジェフリー・ウィリアムソンでした。一九八四年に「産業革命期イギリスの経済成長はなぜこれほど遅かったのか」という著名な論文を発表したのです。

彼の計算によれば、一七七〇～一八一五年のイギリスの一人当たりの経済成長率は年平均〇・三三パーセントしかなく、一方、一八一五～四六年のそれは〇・八六パーセントでした。ウィリアムソンの主張によれば、イギリスは一八二〇年頃に長期的な転換点を経過したのです。

ここで、ウィリアムソンは、次のような疑問を呈します。「なぜ産業革命期イギリスの経済成長率が低かったのか」と。そして、イギリスは、戦争を進行しながら工業化を進行できるほどの資源がなかったという結論を出しました。

戦争により戦費が急増し、そのため、クラウディング・アウトが発生したのだというのです。

ここで、クラウディング・アウトという用語の意味を説明しておく必要があるでしょう。これは、行政府が大量に国債（公債）を発行したために、それによって市中の金利が上昇し、民間の資金需要が抑制されることをいいます。

現在の日本でも大量に国債を発行していますが、市中金利が低いので、クラウディング・アウトが発生しているとは言えません。

ウィリアムソンによれば、戦争が、民間部門の活動を抑圧したため、経済成長率が低かったのです。

明らかに、産業革命期イギリスの経済成長率は、以前に想定されていたよりもはるかに低かったのです。そして、イギリス政府の規模が大きく拡大したこともたしかです。

しかしそのため、イギリスの利子率が高くなり、民間の資金需要が抑圧されたかどうかは、おそらく誰にもわからないことでしょう。

ディーンとコールは、イギリスの経済成長の推計を一六八八年から始めました。それ以前の時代には、信頼すべきデータがないというのがその理由です。もし仮に、一七世紀の経済成長率がほとんどゼロに近く、一八世紀に年平均〇・三パーセントになったとすれば、これは革命的変化であるといえるでしょう。

しかし、一七世紀の経済成長率の推計は、きわめて難しいといわざるを得ません。そもそも比較的最近の時代に至るまで、経済史家は、わずかに残るデータから全体を推計しなければなりません。しかも、イギリスに国民経済が成立しているという前提に立って推計されますが、そういう前提自体きわめて怪しいのです。

そもそもクラウディング・アウトは本当にあったのか

イギリスは、対仏戦争遂行のために、借金に借金を重ねました。しかし、現在の日本の事例からもおわかりいただけるように、借金の多さと利子率の高さのあいだに直接の関係はありません。しかも、忘れてならないのは、利子率が高いとしても、投資額が低下するとは限らないということです。もし利子率以上の利益率が期待できるとすれば、企業は投資するのです。

そもそも、産業革命に必要だった資金は、家族・友人・隣人などを通じて提供されたものであり、巨大な資本市場から借りたものではなかったのです。産業革命に必要な資金は、今日の目からはわずかなものでした。

クラウディング・アウト理論は、閉鎖的な経済にこそ適合します。国際的な資本の流通という点を、ウィリアムソンは理解していません。

しかも、戦争の時代において、イギリスは、外国からの投資先として、もっとも安全な投資先でした。島国であるがゆえに戦場になることがないと考えられたはずです。したがって、海外から投資がなされたのです。オランダをはじめとする諸外国の投資は、イギリスに集まりやすかったのです。

債務国から債権国へ——自国の税金で戦える国に

最近の研究では、イギリスは一八世紀には資本の輸入国でしたが、一九世紀には資本の輸出国へと変化したことがわかっています。

一七世紀のあいだ、イギリスの商品の多くはオランダ船によって運ばれていました。航海法体制があったとはいえ、残念ながらイギリスはオランダ船を完全に排除することはできなかったのです。

ところが一八世紀になると、イギリス船の比率は大きく高まります。一八世紀のイギリスの経常勘定は赤字であり、それを補塡するために資本の流入を必要としました。そしてイギリスは、一八世紀には債務国でしたが、一九世紀になると債権国になったのです。

おそらく、それは、第一次世界大戦によって、アメリカが債務国から債権国に変貌したことに似ています。

外国による投資額をみてみましょう。一七九一年には、イングランド銀行の株式の六分の一を、オランダ人が所有していました。オランダはイギリスの公債に大量に投資し、三七年には一〇〇〇万ポンド（総負債額の二五パーセント）を、七四年には四六六万ポンド（同二五パーセント）を購入したのです。

重要なこととして、イギリスは、一七九〇～一八一五年のあいだに、債務国から債権国に変わり、外国からの借金ではなく、自国の税金で戦争を遂行するようになりました。

産業革命は密輸ネットワークによるもの

フランス革命からナポレオン戦争にかけての時期に、イギリスには戦争遂行のみならず、工業発展のための資金が不足していました。戦争を遂行するために、一七九九年に所得税が導入されるほどに、イギリスの財政は追い込まれていたのです。

ご承知のように、フランスは、ナポレオン時代になって、大陸封鎖令（一八〇六）によりイギリスを経済的に封鎖しようとしましたが、失敗しました。イギリスの製造部門は、消費財の輸出に重点を置く軽工業から、軍需品生産を行う重工業へと中心を移したのです。すなわち、イギリスの工業化を促進することになったのです。

イギリス国内にあった外国資本は、大陸封鎖令のため、イギリス国内にとどまることになりました。その資金は、鉄・運河・港湾の改善・有料道路などに投資されることになったのです。しかもオランダ人をはじめとするヨーロッパ大陸の人々はアムステルダムから資金を引き上げ、イギリスの国債に投資したのです。

イギリスは所得税を導入し富裕者の税負担を上昇させ、借金依存度を減らすことによって、戦争を遂行していきます。そして、いつもなら海外に投資されるイギリス資金が国内にとどまり、経済のインフラストラクチャーのために投資され、経済が発展することになりました。すなわち、クラウディング・アウトはなかったのです。むしろ、フランス革命・ナポレオン戦争も含め、戦争により経済成長が促進されたのです。

戦争中には、交戦国どうしの船舶では、なかなか取引ができませんでした。おそらく現実に活躍したのは、スウェーデンなどの中立国の船ではなかったでしょうか。しかも、大陸封鎖例が敷かれていたのですから、その多くは非合法貿易（密輸）だったと考えるべきでしょう。

イギリスにクラウディング・アウトを発生させることなく、成長率が低かったとしても、産業革命を発生させたのは、おそらくは国境を越えた国際貿易商人の非合法貿易（密輸）のネットワークだったのです。

6. 縮まった世界――一九世紀の蒸気船の発達

帆船VS蒸気船

蒸気船というのは帆船よりもずっと速い、そう思っている読者も多いのではないでしょうか。ところが、必ずしもそうではありません。最高速度だけを比較すれば、帆船の方が速いこともありえます。では、帆船と蒸気船はどういう点で違っているのでしょうか。

それは、航海の確実性と大型化です。

帆船は、風がなければ進めません。天候によって、航行時間が大きく左右されます。それに対して蒸気船は、帆船ほどには天候の影響を受けません。

また、帆船の大型化には、限界があります。しかし、蒸気船は、かなり大型化することができます。一度に運べる貨物も人間も、非常に多くすることができます。

一九世紀の世界は、全体として、帆船から蒸気船へと移っていきます。それによって、どのような変化があったのでしょうか。世界はどのように変わり、そのなかで、イギリスはどういう役割を果たしたのでしょうか。ここでは、情報のスピードという観点から考えてみたいと思います。

もとになるのは、S＝R・ラークソ著、玉木俊明訳『情報の世界史――外国との事業情報の伝達 一八一五―一八七五』（知泉書館、二〇一四年）です。

連続する情報の循環

現在でも、電車が遅れたため、予定していた飛行機に乗れないということはあります。それは、例外とみなされています。しかし、それは歴史的には、むしろしばしば起こることであり、定刻に発着するということは、一九世紀に蒸気船が登場するまで、あまり考えられなかったことなのです。

ある港に着くのが遅れ、貨物を載せようとしていた船がすでに出港していたというようなことは、決して珍しいことではありませんでした。

ラークソの書物は、定期航行がどのようにして実現され、情報伝達のスピードが早くなったのかを、主としてイギリスの海上保険会社のロイズが残した資料である「ロイズ・リスト」を使うことで明らかにしようとします。

彼女は、「連続する情報の循環」という概念を用います。これは、ある地点間の情報の往復に、どの程度の日数がかかったのかを表す概念です。この日数が大きく縮まっていくことで、情報の取得に必要な時間がどのように短縮されたのかがわかります。

たとえば、イギリスのファルマス―ニューヨーク間の郵便帆船による航海は、一八一七年には、一二例のうち、最長で一二二日間、最短で一〇七日間かかっています。すなわち、連続する情報の循環に必要な日数は、一〇七～一二二日間ということになるのです。

それに対し、一八二五年のロンドン―リヴァプール間の航海では、五五～六五日間と、連続する情報の循環に必要な日数は、大きく縮まっています。一〇年足らずのあいだに、少し距離が異なるとはいえ、大西洋を往復するのに必要な日数は、大きく短縮されました。

蒸気船の出現によって、この数値がどのように変化したのかをみてみましょう。

一八三九年のイングランド―ニューヨーク間の平均航海日数は、四二・九日間と、さらに短くなっています。四五年のリヴァプール―ニューヨーク間の平均航海日数は、三九日間でした。一八五〇～五七年の、キューナードラインとコリンズライン（どちらも海運会社）による航海では、リヴァプール―ニューヨーク間の往復航海は、おおむね三〇日足らずで航行されるようになりました。

ついで、西インドと南米についてみていきましょう。ここでは、一年間の情報の循環数（一年間で何回往復できたか）に注目します。

リヴァプール―デメララ（ガイアナ）間の情報の循環数は、一八四〇年には三・五回、五二年には六回、六二年には八回と、大幅に増えています。それは、船舶そのもののスピードアップもありますが、諸島間の航海数を減少させたり、港で、次に郵便を渡す船との連携がスムーズになることによって実現したのです。

このように、世界は大きく縮まっていったのです。

急激に生じた変化

帆船から蒸気船になることで、航海日数が大きく短縮されたことは、右に述べたことからも明らかです。では、そのような変化は、全体として、いつ生じたのでしょうか。

表4は、一八二〇年代から七〇年代にかけて、ブラジル（リオデジャネイロ）―イギリス（ファルマス／サザンプトン）間での情報伝達日数の変化を示しています。

ここで驚くべきは、航海時間が大きく減少したのは、一八五〇年代であったことです。航海日数が一〇日間短縮されています。これは、帆船における航海時間の短縮です。

ところが、一八五一年には、さらに大きな変化が訪れます。帆船から、蒸気船に替わったことが最大の理由だと思われます。リオデジャネイロからファルマスまで郵便帆船が航海するのに五

表4　ブラジル（リオデジャネイロ）―イギリス（ファルマス／サザンプトン）間の帆船・蒸気船・電信による情報伝達の日数

年	情報伝達の手段	情報伝達の日数（年平均）
1820	ファルマス郵便用帆船	62.2日間
1850	ファルマス郵便用帆船	51.9日間
1851	ロイヤルメール　蒸気船	29.7日間
1859	ロイヤルメール　蒸気船	25.2日間
1872	ロイヤルメール　蒸気船	22.0日間
1872	イギリスからリスボンへの電信とリオデジャネイロへの蒸気船	～18日間
1875	電信	～1日間

（出典）S=R・ラークソ著、玉木俊明訳『情報の世界史――外国との事業情報の伝達1815-1875』知泉書館、2014年、379頁、表63より作成
※「～」は、推測

二日間必要だったのに対し、蒸気船であれば三〇日間かかっていないのです。

日数だけで計算するなら、これは一八七五年に海底ケーブルが敷設されたとき以上の急激な変化でした。さらに、電信の誕生により、情報伝達の日数は、たった一日間にまで短縮されました。

帆船から蒸気船になり、やがて電信に通信手段が変化することにより、情報伝達のスピードは大きく改善されました。

これが世界全体の傾向をどの程度示すのかは不明ですが、帆船から蒸気船、そして電信による情報伝達のスピードアップの様子を、かなりの程度浮き彫りにしているものと思われます。

アメリカ横断鉄道の影響

一八六九年に完成したアメリカ横断鉄道によって、アメリカの国民経済が誕生したといわれることがあります。現実にはそんな簡単に国民経済が生まれたとは思われませんが、この鉄道がどれほどアメリカの東部と西部の移動時間を縮めたのかということを論じてみましょう。

ニューヨーク―サンフランシスコ間を移動する最速の方法は、一八四〇年代の段階では、地図10に示されているように、帆船でホーン岬をまわり、南米大陸を回って北上するルートだったのです。最速のクリッパー船でも、このルートを使ったなら、少なくとも三カ月間かかったとされています。

それを著しく縮めたのは、パナマ地峡ルートでした。パナマ地峡に鉄道を敷いて、汽車に貨物を載せ替えたのです。一八五八年の一例をあげると、ニューヨークからパナマ地峡経由で、サンフランシスコへと、四六日間かけて郵便が輸送されています。

さらに大陸横断鉄道により、ニューヨーク―サンフランシスコ間の移動日数は、一週間に縮まりました。

地図10 19世紀中葉におけるニューヨークからサンフランシスコへの郵便ルートの発展

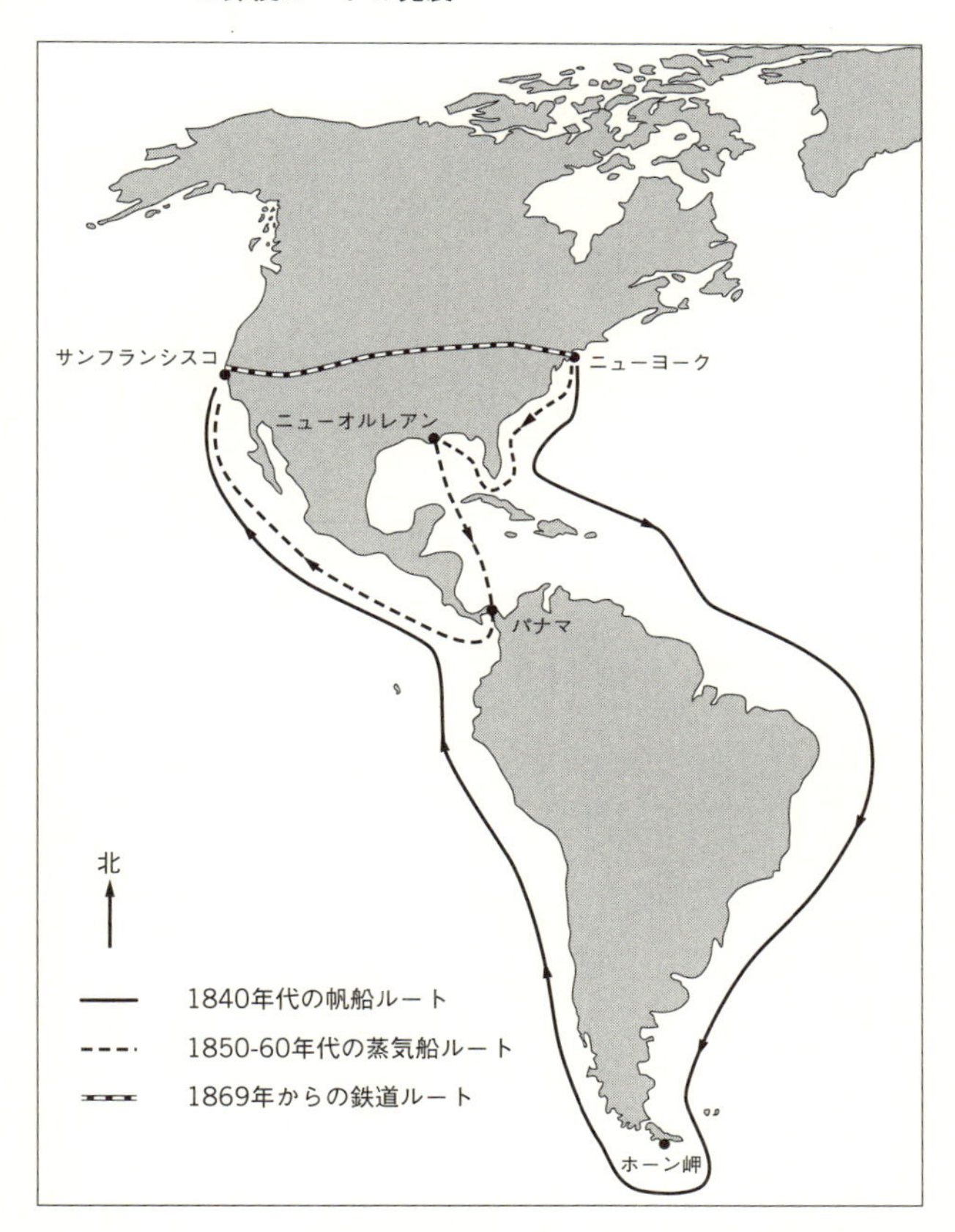

（出典）S=R. ラークソ著、玉木俊明訳『情報の世界史——外国との事業情報の伝達 1815-1875』知泉書館、2014年、359頁

地図11　19世紀中葉におけるオーストラレーシアへの郵便ルート

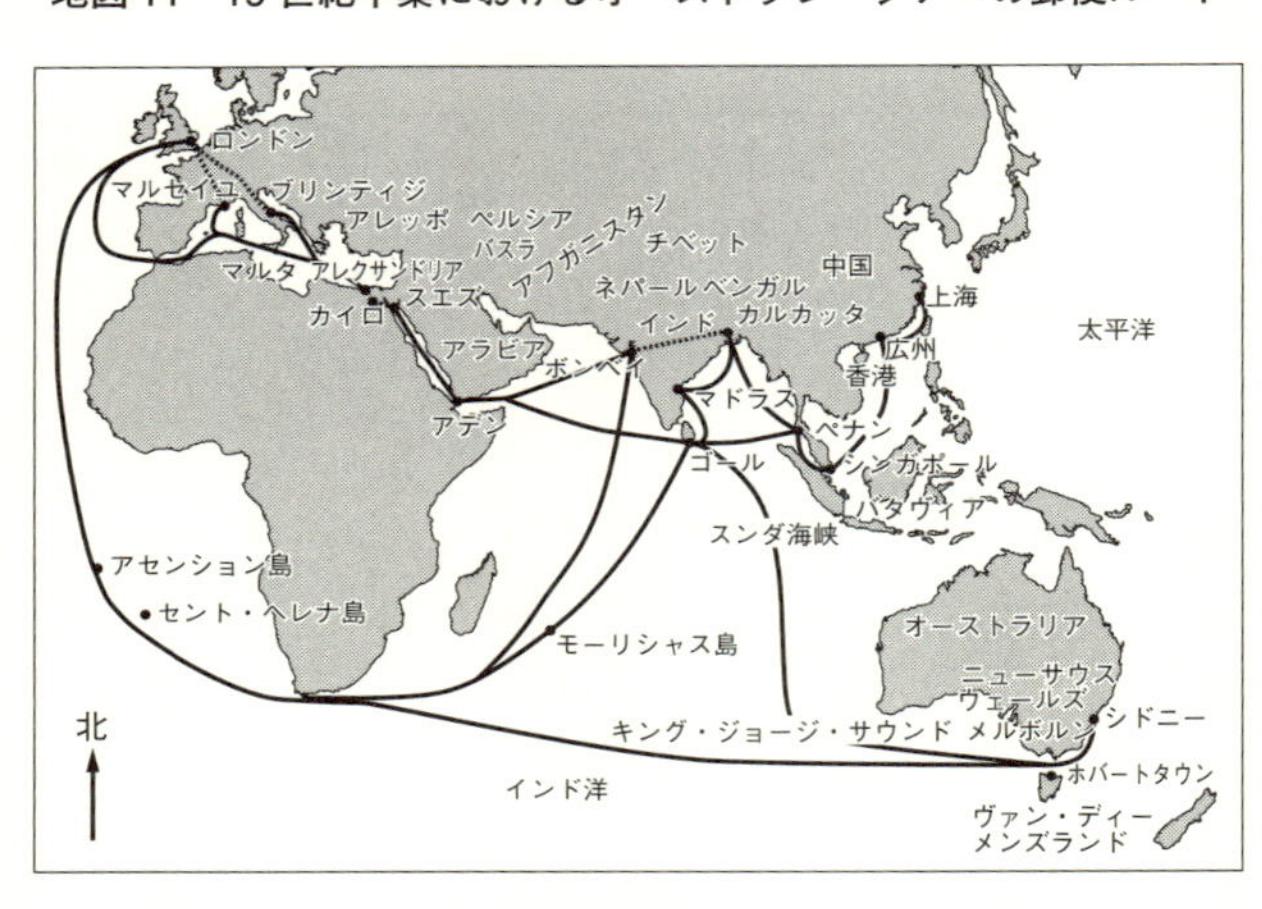

（出典）S.R. ラークソ著、玉木俊明訳『情報の世界史――外国との事業情報の伝達 1815-1875』知泉書館、2014年、394頁

蒸気船で世界を一体化したイギリス

地図11は、イギリスの船舶会社であるP&Oの郵便船のオーストラリアまでの航路を示しています。P&Oが中国にまで進出していることがわかります。このルートを使って、郵便だけでなく、乗客や商品も輸送されたでしょう。

さて一般に、アジアでは、東南アジアを中心に、多数のジャンク船が使われていたといわれています。そのネットワークは、かなり大規模なものでした。

しかし、それと同時に、イギリス船（蒸気船）は中国にまで進出していたことを忘れるべきではありません。そればかりか、セイロンのゴールを経由して、オーストラリアまで航海していたのです。蒸気船により、オーストラリアは定期航路に含まれるようになりました。

世界の多くの地域が、イギリスの蒸気船の定期航路によって結ばれることになります。イギリスの電信が世界を一体化したことはすでにみましたが、イギリスは、蒸気船によっても世界を一体化したのです。

第 四 章

近代世界から未来へ

歴史はどう動くか

1. 世界史からみたアヘン戦争

ポルトガルはアジア進出の先駆者

一四九八年にヴァスコ・ダ・ガマがやっとの思いでインドのカリカット（コーリコード）に到着すると、ポルトガルは早くもインドを軍事的に制圧しようとします。すでに商人の進出については触れたので、ここでは国家の側からみたヨーロッパのアジア征服の過程をみていきます。

ポルトガル国王マヌエル一世（在位一四九五～一五二一）は、一四九七～一五〇六年のあいだに合計八回、インド遠征隊を送ります。一五〇三年にアフォンソ・デ・アルブケルケが率いた一隻の艦隊は、カリカット軍に占領されたコチンの援助に向かい、カリカット軍を撃破します。

一五〇九年には、アルブケルケがディウの海戦でイスラームのマムルーク朝艦隊を破り、ポルトガルのアラビア海支配は決定的なものになります。というのも、ディウがムスリム商人に残された最後のインド西岸の重要拠点だったからです。

さらにアルブケルケは一五一〇年にはゴアを占領し、強固な要塞を建設しました。そして、ゴアは、ポルトガルのインドにおける拠点となります。

アルブケルケは、東南アジアに進出します。そして、一五一一年にマラッカ王国を滅ぼしました。一二年には、マラッカ諸島に位置するテルテーナ島に到着します。また、モルッカ諸島の探検艦隊を派遣し、それはバンダ諸島に到着しました。一五年には、ホルムズ島を完全攻略することに成功します。

アルブケルケは一五一五年に病死しますが、ポルトガルの勢いは止まらず、二六年にはカリカットを占領、三七年にディウを獲得、四三年には種子島に来航、七一年には長崎に商館を設立するまでに至ります。

この後、オランダが東インド会社を設立し、インドネシアを拠点にアジアの貿易圏を広げていくことは、周知の事実です。その一方で、ポルトガル商人のネットワークが依然としてアジアで強力であったことは、先述した通りです。

綿を武器に——イギリス帝国の進出

ヨーロッパとアジアの経済力が逆転し、ヨーロッパが優勢に立ったのは、イギリスで産業革命が発生した一八世紀後半のことでした。産業革命により、ヨーロッパ経済はアジア経済を追い越すことができたのです。

産業革命によって、アジアとヨーロッパの貿易で、アジア側が赤字になったのです。イギリスの工業製品の綿は、アジアで売れ、ヨーロッパが長年苦しんだアジアとの貿易収支の赤字を解消することができました。

ここで目を向けなければならないのは、イギリスの綿は、大西洋貿易によって生産されたということです。大西洋貿易によって力を得たイギリスが、産業革命を起こしました。大西洋貿易の主要商品は砂糖でしたが、世界支配につながったのは、綿だったのです。

しかも、北米大陸からイギリスを経てアジアに至るまで、綿はほとんどすべてイギリス人によって運ばれました。他の国の船で運ばれ、それに対して輸送料を支払う場合と比較するなら、イギリスの利益はきわめて大きかったはずです。しかし、このような非常に重要な事実が、軽視されているのは奇妙なことです。

ここにみられるように、イギリスは、国内ないしイギリス帝国内で生産された商品を自国船で輸送しています。しかも、そのための海上保険会社として、イギリスのロイズを使用しています。そのため、イギリスにはますます巨額の利益が流入することになりました。このようなイギリスのシステムは、他国では採用できなかったのです。

イギリス東インド会社の変貌

イギリス東インド会社の経営方針の変遷も、この動きと密接に関係しています。イギリス東インド会社は強大な軍事力と政治力をもっていましたが、その力は衰え、一八一三年にはインドとの貿易独占が廃止され、三三年になると中国との貿易独占権が停止されることになります。

そのために、イギリス東インド会社は、「事業の帝国」から、統治を主体とする会社へと変貌します。同社は、一七六〇年代からイギリス帝国経済の中心になり、六五年からは、インドからイギリスへと富を移動させることを目標とするようになったのです。ここからも、イギリス帝国による、大西洋経済とアジア経済の統合がみられます。

すでに、ポルトガル海洋帝国は、大西洋とアジアをつなぐ帝国であったことは論じました。しかしイギリス帝国の規模は、それよりもはるかに巨大であり、まさに世界史上最大の帝国だったのです。

インドという国をつくったのはイギリスだった

イギリスは、征服地で国家を強引に形成していきました。その代表的な例がインドです。

イギリスの前にインドを支配していたムガル帝国の領土は、インド亜大陸の中央部までしか及んでいなかったのですが、イギリスは、一八世紀後半のマイソール戦争で南インドの支配権を獲得し、一八世紀第4四半期から一九世紀初頭まで続いたマラーター戦争により、デカン高原中西部を支配するようになります。さらに、一八四九年のパンジャーブ戦争で、インド北西部からパキスタン北東部にまたがる地域の支配権を獲得しました。

インドという巨大な国家を形成したのは、実はイギリスだったのです。そして、インドの次にイギリスが支配圏を握ろうとしたのは、中国でした。

通説を疑え——アヘン貿易の実態

イギリスは中国から大量に茶を輸入し、その代価として銀を輸出していました。ところが一八世紀末になると、インドでアヘンを製造させ、本国の綿製品をインドに輸出してアヘンを購入し、インド産アヘンを中国に輸出して茶の代価にあてるという三角貿易を開始します。

そして、一八三〇年代になると、貿易収支が逆転して中国の輸入超過になり、その代価として、茶だけでなく、銀が中国からイギリスに輸出されるようになったといわれています。

しかし、本当にそうなのでしょうか。

そもそも、中国に関して、信頼の置ける貿易統計はありませんでした。さらに、アヘンは中国に密輸されたのです。したがって、どのくらいの量が輸入されたのかは、正確にはわかりません。

これらのことから、イギリスと中国の貿易収支は、実はわからないというのが本当のところです。しかも、それ以外にも、これまでの通説にはおかしいところがあります。

これまでの議論は、双務（二カ国間の）貿易が前提となっています。しかし、貿易収支とは、二カ国間の関係だけで決まるものではありません。中国（清）と貿易していたすべての国との貿易収支が赤字でなければ、通説は成立しません。

ではここで、議論を簡単にするために、中国がイギリスとそれ以外のAという国としか貿易しておらず、決済には銀しか用いられていない場合を考えてみましょう。さらにまた、中国のイギリスに対する貿易赤字額と、A国との貿易黒字額が同額であると想定してみましょう。

この場合、A国から中国に輸出された銀が、そのままイギリスに流れることになり、中国としては何の問題もありません。

イギリスから中国へと銀が流出していたのが逆転したという理論が根本的に間違っているのは、貿易とは本来多角貿易であり、銀流出は中国が貿易するすべての国との貿易との関係でとらえなければならないのに、イギリスとの関係でしか論じていないからです。

私にとって不思議なのは、このような当たり前のことが、いまもって理解されていないことです。

さらに、もう一つの問題点として、輸送コストが無視されている点があります。どうも、輸送コストがゼロだと想定されているように思われるのです。

この当時、イギリスと中国との貿易の輸送コストがどれほどのものであったのかはわかりません。しかし、三角貿易は確実にイギリス船で行われていたのだから、貿易額だけでなく輸送量やサービスを加えた国際収支の次元では、中国船で運ぶよりも中国側の赤字が増えたものと想定されます。

仮に中国船ですべてのアヘンを輸入していたとすれば、中国の国際収支での赤字は、ずっと少なくて済んだはずなのです。

朝貢システムの問題点

実は、ここから朝貢システムの問題点が浮かび上がってきます。中国が世界で、少なくともアジアで一番豊かな国であるあいだは、近隣諸国が朝貢品を自国船で持ってくるというシステムで、何の問題もなかったのです。中国は、中国船を使って得られる利益など考える必要もないほど豊かな国家でした。

しかし、中国が豊かな国ではなくなると話は変わってきます。

ヨーロッパとの貿易では、中国は輸出したいなら、輸送料を支払わなければなりませんでした。さらに、帆船の中国製ジャンク船が衰退し、イギリス製の蒸気船が一九世紀に中国に来航するようになると、ますます中国は貿易のうえで不利になります。

中国からは、現実に銀が流出するようになりました。イギリスとの貿易赤字だけでなく、他のヨーロッパ諸国との貿易も考察の対象に加えて、銀の流出について論じるべきです。

たとえ中国最大の貿易相手国がイギリスであっても、他国との貿易収支も赤字であれば、この三角貿易、ひいてはアヘンの栽培を中国の貿易赤字のすべての原因のように論じることはできないのではないでしょうか。中国の銀流出は、通説のように単純なものではないと思われます。

とはいえ、イギリスが綿を輸出することによって三角貿易を成立させたことが、とりわけ重要であることもたしかです。

長期的スパンで考えてみましょう。

インドからキャラコがヨーロッパに輸出されていました。その輸入代替に成功したのは、イギリスだけでした。大西洋貿易において、イギリスだけが綿の生産に成功したのです。

イギリスは、世界中の市場でインド綿との競争に勝利していったのです。アジアでの三角貿易を成り立たせていたのは、大西洋貿易におけるイギリスの綿織物生産だったのです。

大西洋貿易の勝者が、アジアの貿易でも勝利をかちとった。それは、綿を生産し、その輸送を自国船で行ったからだというのが、私の結論です。

2. 世界を制覇する見えざる武器——電信

電信が縮めた世界

「電信」といっても、多くの読者にはピンとこないかもしれません。電信が、なぜイギリス帝国の絆を強めたのか。あるいは、電信とイギリスの経済的繁栄とはどういう関係にあったのか、不思議に思う読者は多いのではないでしょうか。

電信は、それまでよりはるかに多くの情報を、しかもずっと離れた場所にまで瞬時に伝えることを可能にしたのです。最終的に、わずか数日のうちに世界中の情報が入手できるようになりました。電信によって初めて、人間が移動するよりも情報が伝達する時間の方が速くなったのです。

表5をみていただければ、電信導入の以前と以後で、世界がどれほど縮まったのかということがわかります。初期の電信が伝えられる情報の量は非常に限られていましたが、やがて、電信なしでは、事業活動を遂行することが不可能になっていきます。イギリス史家のダニエル・ヘッドリクは、電信を「見えざる武器」と呼びました。

表５　電信導入以前と以後の外国との通信の発展
——各都市からロンドンまでの情報伝達の所要日数

	a:1820	b:1860	c:1870	a−b	b−c
アレクサンドリア	53	10	2	43	8
マデイラ	30	14	2	16	12
ケープタウン	77	39	4	38	35
ボンベイ	145	26	3	119	23
カルカッタ	154	39	2	115	37
香港	141	54	3	87	51
シドニー	140	53	4	87	49
バルパライソ（チリ）	121	47	4	74	43
ブエノスアイレス	97	41	3	56	38
リオデジャネイロ	76	28	3	48	25
バルバドス	46	21	4	25	17
ハバナ	51	19	4	32	15
ニューオルレアン	58	19	3	39	16
ニューヨーク	32	13	2	19	11

（出典）Yrjö Kaukiainen, "Shrinking the World: Improvements in the Speed of Information Transmission, c.1820-1870," *European Review of Economic History*, vol.5, 2001, p.252.

イギリスの電信敷設を可能にした大艦隊

電信の敷設には、巨額の費用がかかりました。電信を敷設する距離が長くなればなるほど、その費用は莫大なものになります。それは、個人や小さな商会では賄えないほど巨額なものだったのです。海底ケーブルさえも敷設されたため、その費用を用意できるほどの機関は、国家ないし大企業しかなかったのです。一九世紀後半に世界中の企業が大規模化した背景には、このような事実があったのです。

イギリスが敷設した海底ケーブルの多くは民間会社の手によるものでしたが、もしイギリスが世界的な大帝国でなければ、敷設自体難しかったでしょう。

しかも、その敷設にはイギリスの大きな艦隊が不可欠でした。イギリスは、帝国のさまざまな地域を国際紛争から防衛するために、大艦隊を有しました。このような大艦隊が、イギリスの電信敷設を可能にしたのです。

世界を一つにした電信の発明

電信は、一般にアメリカ人サミュエル・モールス（一七九一～一八七二）によって発明されたと思われています。しかし、電信の発明に従事していたアメリカ人はほかにもいました。モールスが有名になった一つの理由は、モールス信号を発明したことにあるでしょう。

モールスの影響もあり、電信はアメリカでも発展していきます。しかし、現実に世界中に電信を張り巡らせたのは、イギリスでした。

イギリスでは、ウィリアム・フォザギル・クック（一八〇六〜七九）と、チャールズ・ホイートストーン（一八〇二〜七五）が中心になり、電信が製造されました。

グレート・ウェスタン鉄道の管理官たちは、一八三九年、世界最初の電気電信ラインの操業を開始したのです。それをきっかけとして、イギリスの鉄道会社は、次々に電信を導入していきます。

イギリスの電信は私企業がつくっていましたが、一八七〇年二月になると、郵政省が電信事業を受け継ぎ、国内では国有化されました。ただし、海外においては、私企業が電信を敷設しました。

一八五一年になると、英仏海峡が海底ケーブルで結びつけられ、さらにイングランドとアイルランドが結びつけられます。五七年には、オランダ、ドイツ、オーストリア、そしてロシアのサンクト・ペテルブルクと電気での通信がなされ、地中海では、フランス・イタリア政府のためにいくつかのケーブルが敷かれることになりました。

それから長い時間をかけ、一八六六年七月、大西洋横断ケーブルが敷設されたのです。インドと電信で結ばれたのは、一八六四～六五年のことです。七二年になると、オーストラリアは電信によってイギリスと結びつきます。イギリスの情報帝国がここに完成したといっても過言ではないでしょう。

さらにデンマークの大北電信会社が、サンクト・ペテルブルクからウラジオストックに電信を敷設し、一八七一年には、それが上海、長崎、廈門、香港にまで延ばされます。

一九〇二年になると、オーストラリアとニュージーランドに海底ケーブルが敷設され、〇三年になると、サンフランシスコからホノルルを経て、マニラへとケーブルがつながれ、世界は、電信によって一つになりました。

それは、世界経済にどのような変化を生じさせたのでしょうか。

イギリスの経済的繁栄を支えた電信

世界は電信で覆われ、その中心にロンドンの金融市場が位置しました。世界の金融市場が、ロンドンと結ばれることになったのです。

それがどのような変化をもたらしたのか、具体例をあげてみましょう。

電信の発達以前なら、アジアのある都市から振り出された手形は、何十日もかけてロンドンに着き、そこで引き受けられました。しかし電信を使った場合、二、三日のうちにロンドンで引き受けられるようになったのです。電信を使わなかった時代には、手形の複製が作成されるのが当たり前でしたが、電信の発達により、そういうことは不要になったのです。

一九世紀イギリス帝国の金融市場の発展には、電信は不可欠でした。世界中が電信でつながれたため、国際貿易の決済のほとんどがロンドンで行われるようになったのです。

そのイギリスは、一八世紀初頭から金本位制を導入していました。それは、ポルトガルとの条約により同国との経済関係が緊密になり、ポルトガルの植民地であったブラジルからの金が流入するようになったからです。

電信が世界各地に普及するにつれて、多くの国々が金本位制を採用しました。それは、世界金融の中心であるロンドンで決済するときには、金本位制の方が有利だったからではないでしょうか。

一九世紀イギリス経済の多くの部分が、電信によって支えられていたのです。

「手数料資本主義」に支えられたイギリス

このように、電信によって、イギリス経済は大きな利益を得たのです。次に、それをさらに詳しく分析してみましょう。

産業革命によって、イギリスは「世界の工場」と呼ばれるようになりました。ところが一八七〇年代になると、工業生産額でイギリスは、アメリカやドイツに負けるようになりました。

しかし、電信によりロンドン金融市場で国際貿易の決済が行われるかぎり、それは大した問題ではなかったのです。

イギリス帝国内の地域はもちろんのこと、帝国外の地域が経済成長をしたとしても、イギリス製の電信を使用しないと決済ができなかったのですから、世界経済が成長すればするほど、イギリスに電信の使用料が入ってくることになり、結果的に儲かるという仕組みがつくられていたのです。

この頃アメリカでは電話が発達し、ビジネス界で使われていたのですが、電話では情報を声によって伝えることはできても、決済はできません。それは、電話の大きな弱点であったといえるでしょう。

最終的には、世界経済が成長すればするほど、手数料として多くの利益がイギリスに流入する構造が形成されたのです。これほど自国が利益を確実に獲得できる仕組みをつくったのは、世界史上おそらくイギリスだけであり、今後もおそらくないでしょう。

私はこのようなイギリス経済のあり方を、「手数料資本主義」と呼んでいます。

イギリス帝国は電信によって結びつけられ、帝国に属する多数の地域が、その恩恵を受けて利益を獲得できたのです。逆にいえば、それによって利益が獲得できなくなったときに、イギリス帝国は最終的に崩壊することになったのでしょう。

3．欧州大戦は三回もあった⁉

三つの欧州大戦とは何か

ヨーロッパは、三回にわたって、大規模な戦争＝欧州大戦を経験したと、私は常々考えています。

それは、三十年戦争、フランス革命・ナポレオン戦争、そして第一次世界大戦です。

読者はおそらく、最初の二つには納得できても、なぜ「第一次世界大戦」が「欧州大戦」に含まれるのか、疑問に思われるでしょう。しかし元来、この戦争は、英語では“Great War”といわれることもありました。日本ではまさしく「欧州大戦」と呼ばれていたのです。

一九三九年にヨーロッパで大きな戦争が起こり、それが拡大して世界大戦となりました。そして、第二次世界大戦と呼ばれるようになり、それ以前のGreat Warは、第一次世界大戦と称されるようになったのです。

しかし、二つの「世界大戦」を、同じように世界的な戦争とみなしてよいのかという疑問が出てきます。

第一次世界大戦の戦死者は、約一六〇〇万人でした。それに対し第二次世界大戦の戦死者は、約六〇〇〇万〜八五〇〇万人です。このように、戦争の規模が違います。

第一次世界大戦のときには、主戦場はヨーロッパでした。それに対し第二次世界大戦では、日米間の戦いであるアジア・太平洋戦争も含まれているわけですから、本当に世界中にわたる戦争でした。このようなことから、私は、「世界大戦」といえるのは、いわゆる「第二次世界大戦」だけだと考えています。

そうすると、欧州大戦にあたるものが三回あったという私の立場も理解していただけるものと思います。では、以下、三つの欧州大戦によって、ヨーロッパがどのように変貌していったのか、みていくことにしましょう。

三十年戦争——西欧の誕生

一五一七年にマルティン・ルター（一四八三〜一五四六）が「九十五カ条の論題」を発表し、法王庁を批判してから、宗教改革が始まります。プロテスタントの勢力が増すと、カトリックとの対立が深まり、宗教戦争が勃発しました。

宗教戦争として最初のものは、おそらくドイツ農民戦争（一五二四〜二五）でしょう。さらにシュマルカルデン戦争（一五四六～四七）、ユグノー戦争（一五六二～九八）、オランダ独立戦争（一五六八～一六四八）などが起こります。そして、「最後にして最大の宗教戦争」とよくいわれる三十年戦争（一六一八～四八）が勃発します。

この戦争は、ベーメン（ボヘミア）のプロテスタントが、カトリックであるハプスブルク家の支配に反発したことから始まったといわれます。これをきっかけとして、ほぼ全ヨーロッパを巻き込む戦争へとつながったのです。

しかしながら、三十年戦争は、単なる宗教戦争ではなく、各国が自国の利害を求めて争う戦争でもありました。

カトリックに属するフランスの宰相マザランは、同じくカトリックのハプスブルク家の勢力を抑えるために、プロテスタントに属するスウェーデン国王グスタフ・アドルフ（在位一六一一～三二）を援助します。このとき、フランスのブルボン家と神聖ローマ帝国のハプスブルク家の戦いという様相がみられるようになり、宗教戦争の色彩は薄れます。

一六四八年、ウェストファリア条約により、三十年戦争は終結します。教科書的な理解では、ウェストファリア条約は、今日まで続く主権国家体制が認められた条約として位置づけられます。そして、神聖ローマ帝国が事実上崩壊したともいわれます。

しかしまた、それまではおそらく明確な形では「ヨーロッパ」の一員だとみなされていなかったスウェーデンが、神聖ローマ帝国議会への参加権を得たということも重要です。

これは、なお中世以来の神聖ローマ帝国の栄光が残っているばかりか、北欧が、正式にヨーロッパの国として認められたということも意味しました。この条約で初めて、現在の西欧の輪郭が誕生したと考えるべきでしょう。

さらに、ハプスブルク家に対するブルボン家の優位が明らかになり、フランスが強国として認識されたということも事実でしょう。

フランス革命・ナポレオン戦争――英仏対立の決着

イギリスとフランスは、一六八八年の名誉革命以来、一八一五年のウィーン条約に至るまで、何度も戦争を繰り返してきました。戦争のほとんどはイギリスが勝利を得て、フランス革命（一七八九～九九）、ナポレオン戦争（一七九九～一八一五）においてイギリスが最終的に勝利し、ヘゲモニー国家（ただし、ヘゲモニーの範囲はヨーロッパ内部にとどまる）になったといわれます。

主権国家体制が確立した三十年戦争以降、国家が、政治面のみならず経済面でも絶えず競争を繰り返すことになります。

ウェストファリア条約が結ばれた頃にヨーロッパ経済のヘゲモニーを握っていたのは、オランダでした。そしてオランダの経済力が低下すると、次のヘゲモニー国家を目指して、イギリスとフランスが争ったのです。フランス革命・ナポレオン戦争は、その決着をつけた戦争でした。

フランス革命は、フランスの重税に憤りを感じた人々がいたから勃発したといわれます。しかしながら、フランス人の一人当たりの税負担額はイギリス人のそれよりも低く、したがって税負担そのものではなく、借金が返せなかったことが問題だったことはすでに述べました。

イギリスとフランスは、どちらも新世界との貿易を大きく伸ばしました。時代によっては、フランスの方が貿易量の伸びは大きかったのです。それがストップしたのがフランス革命の時期であり、この革命がなければ、フランス経済は大きく発展した可能性があります。しかしまた、貿易構造からみたフランスの発展パターンには、大きな限界があったことも事実なのです。

フランスに輸入される砂糖の多くは現在のハイチ（サン・ドマング）のものであり、イギリスよりもずっと安く、国際競争力は高かったのです。しかしまた同時に、フランス国内で食されるよりも、外国に輸出される方が多かったのです。一方、イギリスでは、西インド諸島の自国植民地から輸入される砂糖（ジョージアが中心）の多くは、自国内で消費されました。

近世においては、ヨーロッパ外世界に植民地をもつようになり、帝国化する国々が出現しました。そのなかでイギリスは、砂糖の例にみられるように圧倒的に植民地と母国との経済的紐帯が強かったのです。イギリスは近世に、すでにそういうシステムを形成しつつあったのです。

フランス革命軍の占領により、アムステルダムの機能は大きく減少しました。そして、ナポレオン軍の侵入により、ハンブルクの貿易量は著しく減少します。

このような時代に、島国であったイギリスは、実はもっとも安全な投資先だったのです。ですから、すでに論じたように（一七三頁）明確な額は不明ですが、イギリスの鉄鋼業に、ヨーロッパ大陸からの資金が投入されたともいわれます。

フランス革命・ナポレオン戦争期間のヨーロッパ経済を支えたのは、おそらく密輸による貿易ネットワークであり、商人は国家の目を盗んで密輸に従事したため、戦時中にもかかわらず、経済活動があまり停滞しなかったと考えるべきでしょう。

ナポレオン戦争は、一八一五年の議定書によって終結します。この議定書は勢力均衡と正統主義を主柱にしていましたが、このどちらも、長期的にはうまく機能しませんでした。

むしろ私は、スイスが永世中立国として承認されたことが重要だと思います。永世中立とは、戦争が常態であることを前提とした概念です。ヨーロッパは、ウィーン議定書により、戦争を前提とした体制を世界に押し付けることになったと、私は考えています。

ウィーン議定書から一九一四年の第一次世界大戦勃発まで、ヨーロッパはアジアやアフリカの国々を次々に植民地化していきます。この一世紀間は、「ヨーロッパの世紀」と呼ばれるべきだと思います。

第一次世界大戦――「ヨーロッパの世紀」の終焉

周知のようにこの戦争は、オーストリアの帝位継承者夫妻がサライェヴォでセルビア人に暗殺されたことから始まりました。当初、この戦争は短期間で終わると思われており、四年間も続くとは予想すらされませんでした。もしこの戦争がなければ、「ヨーロッパの世紀」は、もっと長続きしたかもしれません。

この戦争は、考えられていたよりも大規模化し、ヨーロッパが主戦場であったとはいえ、植民地を巻き込みます。そのため、戦後のヨーロッパは、植民地の独立運動に遭遇します。

戦争の規模は急速に拡大します。大戦開始の頃には、陸軍の中心は騎兵と歩兵でした。しかしすぐに毒ガス、戦車、飛行機、機関銃などが使用されるようになり、戦争の規模だけでなく、方法が大きく変わりました。それまでの戦争とは比べ物にならないほど、戦闘の規模は大きくなり、財政負担は増えました。もちろんこれは、開戦当初には、誰も予想できなかったことでしょう。ヨーロッパ各国は、総力戦体制をとり、何よりも軍需生産が重要になります。ロシアでは一九一七年に革命が起こり、世界初の社会主義政権が誕生することになりました。

この革命の前に、アメリカが連合国側に立って参戦し、戦争の状況は大きく変化しました。そもそもアメリカはモンロー主義を掲げ、ヨーロッパに対する政治的関与は避けていたわけですから、アメリカの政策が大きく転換したのです。アメリカは、参戦しても、自国が戦場になる可能性はほとんどなかったわけですから、戦後の国際的地位の向上を狙ったのかもしれません。

一九一八年、アメリカの大統領ウィルソンが「十四カ条の平和原則」を発表し、翌一九年、パリ講和会議が開催されます。六月二八日、ヴェルサイユ条約が結ばれ、ドイツに多額の賠償金が課せられたことが、第二次世界大戦の一因となりました。

第一次世界大戦後、アメリカは世界一豊かな国として登場します。債務国から債権国に変わり、戦場にならなかった利益を大きく享受します。第一次世界大戦は、「ヨーロッパの世紀」を終焉させた戦争といえるでしょう。

社会は、徐々にアメリカの世紀へと移っていきます。しかしまだ、ロンドンの金融市場は強く、アメリカの金融市場に匹敵する力がありました。ロンドンの力が失われるのは、第二次世界大戦後のことです。

オーストリアの作家シュテファン・ツヴァイクの『昨日の世界』では、ヨーロッパ文明がもっとも輝いていた時代が描かれています。ヨーロッパがその輝きを失ったのは、第一次世界大戦によるものであって、第二次世界大戦のためではありませんでした。日本人が憧れていたヨーロッパは、第一次世界大戦によって終わったのです。

ヨーロッパの没落を描いた映画として、「タイタニック」があります。実際にタイタニック号が沈没したのは一九一二年なのですが、この映画では、主人公が好きになる女性は、イギリスの没落貴族の娘であり、アメリカの成金との結婚を余儀なくされそうになっていました。そこで描かれていたのは、イギリスの没落とアメリカの台頭です。

現実には、この映画は、両大戦間期のイギリスとアメリカの関係も描いているのです。

4.「見えざる帝国」アメリカのヘゲモニー

「第三のヘゲモニー国家」の特徴——豊富な国内資源と海運力

ウォーラーステインの著した『近代世界システム』によれば、アメリカは、オランダ、イギリスに次いで、三番目のヘゲモニー国家です。しかし、『近代世界システム』自体は、本来はアメリカのヘゲモニーについて扱う予定だったのですが、まだ二〇世紀にまで到達していません。したがってウォーラーステインは、アメリカのヘゲモニーとはどういうものか、明確に示してはいないのです。

では、その特徴はどういうものか。ここではそれについて、私なりに考えてみたいと思います。アメリカ合衆国は、国内に大量の資源を有しています。したがって、ヨーロッパ諸国とは異なり、国内の資源のみに依存しても経済成長を遂げることができたという点が、非常に大きな特徴だといえます。

アメリカの企業はヨーロッパ以上に巨大化しました。それが、多国籍企業化し、国外へと出ています。すでに国内の市場で十分な大きさとなったアメリカ企業は、多国籍企業へと転化するのにあまり大きな労力は要しませんでした。

また一般に、アメリカについては西部への開拓ばかりが重視されがちですが、アメリカは、海運業を大きく発展させた国でもありました。アメリカが有する大量の資源には、木材や亜麻・麻・タールなどの海運資材もありました。

一七八三年のパリ条約によりアメリカが正式に独立すると、それまでイギリスの保護下にあったのが、突如として世界の荒波にもまれることになります。アメリカにとって幸いなことに、八九年にフランス革命が勃発し、一九世紀初頭にナポレオン戦争が起こると、アメリカは、中立という地位を利用して、イギリスに次ぐ、世界第二位の海運国家となりました。

アメリカには、陸上のみならず、海上のフロンティアがあったのです。アメリカは、世界中に船隊を送りました。それは、現在のように世界各地に艦隊を送る先駆けであったと考えられるでしょう。

一八六一年に南北戦争が始まりました。この戦争では、アメリカが奴隷州と反奴隷州に分かれていたことはよく知られています。このときには、アメリカはもちろん世界を代表する海運国家でした。

アメリカは、奴隷州、反奴隷州を問わず、スペイン領キューバで黒人奴隷が生産していた砂糖を輸送していました。アメリカの「反奴隷州」とは、あくまで奴隷を国内では使用しないということであって、国外で奴隷が生産した商品を輸送しないということではなかったわけです。

アメリカという国は、アメリカ大陸以外の地域から大きく離れています。したがって、攻撃は受けにくく、他地域を攻撃することは比較的容易です。その利点が如実に表れたのが、二つの世界大戦でした。そのため第二次世界大戦が終わると、アメリカは圧倒的な経済大国として登場しました。

しかし、アメリカはイギリスと違い、あまり植民地はもちませんでした。そもそも国土は大きく、資源は国内にあるため、必要な資源を求めて海外に進出し、植民地を所有する必要がなかったのです。

アメリカは、あくまでも軍事的・経済的理由のために海外に出て行ったのであり、植民地を所有するのではなく、軍事的な関係を深めることで十分に国益にかなったのです。そのため、アメリカのあり方は、イギリスとは大きく違っていました。

巨大企業が誕生する一方で、一般民衆の暮らしは貧しいものでした。さらに、一八六五年に解放された黒人奴隷は、結局無一文で放り出されることとなり、プランテーションを去って放浪するか、南部にとどまってプランテーションの農業労働者か小作人になるよりほかに道がなく、彼らは依然として貧乏でした。このような貧富の差は、なおアメリカ経済の特徴を表しています。

国際機関の「見える手」を利用し繁栄

イギリスが国家の「見える手」によってヘゲモニー国家になったとすれば、アメリカは、国際機関の「見える手」を巧みに利用してヘゲモニー国家になったのです。その国際機関は、一九四四年のブレトン・ウッズ会議の決定事項が中核となったものでしたので、アメリカのヘゲモニーを、ブレトン・ウッズ体制と同一視することができるでしょう。

その中心となった機関は、国際通貨基金（ＩＭＦ）と世界銀行でした。そして、アメリカドルを基軸通貨とした固定相場制をつくりあげ、一オンス＝三五ドルという金本位制を採用しました。アメリカがこのようなことを実行できたのは、この国の経済力が、他国と比較してきわめて大きかったからです。一九四六年の時点では、世界のＧＮＰの半分ほどをアメリカが占めていました。

ＩＭＦに参加するためには、各国は、一定額を拠出しなければなりません。そのＩＭＦにもっとも多くの金額を拠出しているのは、アメリカです。

一方、世界銀行は国際連合の独立機関ですが、ＩＭＦの加盟国でなければ、世界銀行に加盟することはできません。したがって、ＩＭＦの方が、現実には力が強いのです。さらに、世界銀行の総裁は、アメリカ人が選出されることになっています。

このように、ブレトン・ウッズ体制とは、アメリカのヘゲモニーを象徴する体制でした。それは、現在もなおある程度は続いています。さらに、多国籍企業の力が強く、ブレトン・ウッズ体制と多国籍企業の支配力によって、アメリカのヘゲモニーは成り立っていたといってよいでしょう。

しかも、このシステムの維持には、巨額の経費が必要でした。アメリカは、イギリスと異なり広大な植民地帝国を形成することはありませんでした。しかし、世界中に軍隊を派遣し、アメリカの政治体制、ひいては経済体制を維持しようとしました。アメリカは、いまもなお世界の警察としての役割を果たそうとしています。

二つのショックの意味——見えざる帝国の崩壊

固定相場制は、アメリカ経済が圧倒的に強いからこそ維持できる制度です。アメリカの経済力が弱まると、この体制は維持できなくなっていきます。

一九五〇～七三年の世界の経済成長率を比較してみましょう。フランスは四・〇パーセント、ドイツは四・九パーセント、イタリアは五・〇パーセント、イギリスは二・五パーセント、日本は八・〇パーセントでした。それに対しアメリカの経済成長率は、毎年二・二パーセントしかありませんでした。

すなわち、世界の主要国家のなかで、アメリカの経済成長率が一番低かったのです。そのためアメリカの経済力は低下し、金が国外に流出することになりました。

その日は、突然にやってきました。アメリカ時間で一九七一年八月一五日、アメリカの大統領ニクソンが、それまでの固定比率によるドル紙幣と金の兌換(だかん)を一時停止すると発表したのです。これは、ニクソンショックと呼ばれるほどの衝撃を世界に与えました。

当時、金と交換できる通貨はドルしかありませんでした。しかし、アメリカはドルの金交換に応じられないほど金保有量が減っていたのです。これは、アメリカ経済の弱体化を示すとともに、通貨体制の大きな変革を意味しました。戦後世界を形成したＩＭＦ体制の終焉でもありました。

正確には、一九七一年のニクソンショックで、固定相場制が終わったわけではありません。同年一二月スミソニアン合意が結ばれ、ドルの切り下げという形で固定相場制が継続されました。しかしそれは長続きせず、七三年には完全に変動相場制に移行したのです。

金本位制からの離脱に加えて、アメリカの多国籍企業の力も衰退していきました。

世界最大の石油産出地域が、中東であることは誰でも知っています。第二次世界大戦後、その中東の石油の価格決定権があったのは、アメリカを中心とする「メジャー」と呼ばれる巨大な石油会社でした。その価格決定権が失われる日が来たのです。

一九七三年一〇月六日に第四次中東戦争が勃発したことを利用して、石油輸出国機構（OPEC）加盟産油国のうちペルシア湾岸の六カ国が、原油公示価格を一バレル（約一六〇リットル）当たり約三ドルから約一二ドルに引き上げることを決定しました。第一次石油ショックです。

アメリカは、石油の価格決定権を失ったのです。これは、アメリカの多国籍企業の敗北であり、アメリカのヘゲモニーの衰退を意味しました。

インターネット開放――アメリカのリバイバルの失敗

アメリカのヘゲモニーは、国際機関と多国籍企業を利用して、世界経済をアメリカの経済運営にとって有利に導き、さらにさまざまな地域に軍隊を派遣するなどして、軍事情報を中心とする情報を入手できた点にありました。

そのシステムが衰退したのち、アメリカは新しい情報伝達システムを形成していきます。インターネットがそれです。

元来が軍事用であったインターネットが、民生用に利用されるようになったことは、よく知られています。

その背景には、一九九一年のソ連＝社会主義の崩壊があったでしょう。アメリカは、インターネットの技術を軍事用に独占する必要はなくなりました。

また、アメリカは、経済力の低下にともない、新技術を開発し、それを販売する必要に迫られていたはずです。インターネットはそのためにうってつけの素材であったので、商業用のサービスが開始されることになったと考えるべきでしょう。

したがってアメリカは、インターネットの利用という形態をとって、経済を回復するだけではなく、ふたたびヘゲモニー国家になることができた可能性はあったものと思われます。しかし現実には、インターネットは、あっという間に他国にも使われるようになってしまい、アメリカが独占するということはできなかったのです。

5. 世界はどう変わるのか
——近代世界システムの終焉と新しいシステムの誕生

前提の崩壊——終焉を迎えつつある近代世界システム

経済学でときおり使われる用語に、「未開拓の土地（ghost acreage）」というものがあります。経済は、まだ開拓していない地域があれば成長できるということです。

しかし、現代社会において、未開拓な土地などありません。第二章の2で説明した近代世界システムの考え方をそのまま使うなら、ヨーロッパでできあがった経済システム＝近代世界システムは大きく拡大し、世界全体を覆うようになりました。すなわち、絶えず新たなマーケットを求め続けてきた近代世界システムは、もはや終わりを迎えつつあると判断せざるを得ないのです。

新しいマーケットを探求し、新しい利潤源を求めていくのが、近代世界システムです。そのために近代世界システムのもとで、人々は持続的経済成長を経験することができたのです。

経済成長には「未開拓の土地」は不可欠なのですが、もはやそれがなくなりつつある、いや、もしかしたらなくなったのかもしれないということに、われわれは気づくべきなのです。

持続的経済成長の前提条件として、人口が絶えず増加し、人口ピラミッドが美しい三角形をなしているということがあることは言うまでもありません。このピラミッドは、いつも当然存在するものだと、われわれは思い込んでしまっていました。ところがどの先進国でも高齢化が進み、持続的経済成長の前提条件はすでに崩壊しているのです。

それは、「近代世界システムの終焉」を意味するものだと私は思います。

格差拡大——近代世界システムからみた現代経済

世界が一体化すればするほど、企業は、より生産コストの低い地域を求めて工場を建設しようとします。賃金はもっとも大きな負担となっていますので、できるだけ賃金が安いところに工場を建設するのは、当然のことでしょう。中国や東南アジア、さらにはインドで工場が建設されているのは、それが大きな理由であることは、言うまでもありません。

グローバリゼーションが本格的に進んだ結果、賃金を削るという方法による競争が始まったからだといえます。

現在の世界では、賃金を上昇させる誘因はほとんどありません。ごく一部のトップの賃金だけが上昇し、通常の労働者の賃金は上がらないシステムが形成されつつあります。

近代世界システムの特徴は、ウォーラーステインのいう「飽くなき利潤追求」にあります。しかし、持続的経済成長が可能であった時代は、もう終わりつつあるのです。近代世界システムは、終焉を迎えつつあるといってよいと思います。

しかし悲しいことに、現代社会の人々は「未開拓の土地」がなくなったという事実に気づかず、現在もなお、飽くなき利潤追求がはびこっています。

現在、しばしば、会社は株主の「所有物」といわれます。しかしながら、その持主自身が、みずからが所有する会社で働く人々の幸福を考えないのは、無責任としか言いようがありません。株主資本主義の首唱者たちは、従業員の待遇には、ほとんど関心を示しません。

株主は、短期的利益を追求します。労働者は育てるのではなく、どこからか優秀な労働者をヘッドハンティングすればよいと考えています。経営者は、株主からの圧力に対応するため、リスクを冒してでも短期的な利益を上げようとします。

株主は短期的に利益を出し、いざとなれば会社を売って儲ければよいと考えます。少なくとも、そういう株主は多数います。儲からない会社を買った株主と、その会社で働く従業員が大きな損害を被りますが、そんなことを考える必要はないというのが現在のビジネスの実態でしょう。

これこそ「飽くなき利潤追求」を実体化したものといえるでしょう。

こういう傾向は、世界のあちこちでみられます。しかし、もしすべての会社がそうなってしまったなら、工業製品そのものがこの世界から消滅してしまいます。工業製品を生産する人々を育成しなければならないという思想が欠如しているからです。

近代世界システムは、世界を、あまりに危険な状態に追いやっているのです。工業製品だけでなく、人材そのものが育たない社会が生まれても不思議ではありません。

それが、現代社会の特徴だと私には思えるのです。

トマ・ピケティの『二一世紀の資本』にも書かれているように、さまざまな国で、貧富の格差が拡大しています。それは、どういう理由なのか。ここでは、近代世界システムの考え方にもとづいて、私なりに説明したいと思います。

狙われる賃金――「未開拓の土地」のない世界

さきほど述べたように、「未開拓の土地」がなくなっているのが、現代の特徴でしょう。そして現代社会では、「未開拓の土地」とは、いままでなら労働者が手にしていた賃金を意味するようになっているのではないでしょうか。

現在、世界中で富める人々と貧しい人々の格差が拡大していると、しばしば言われます。それは、近代世界システムが、新しい利潤の源泉を、本来ならば労働者の手に入るはずの賃金に見いだしているからにほかならないように思われます。

近代世界システムは、拡大の原理によってつくられています。明日は今日より良い日であり、賃金は長期的には必ず向上し、生活水準は必ず向上するということを前提とした社会なのです。

しかしその前提が正しいという根拠は、現実にはどこにもないのです。にもかかわらず、われわれは、なぜかそういうフィクションを信じてしまっているのです。

「未開拓の土地」が現実に存在していたので労働者に利潤が分配できたのが近代世界システムであり、労働者の賃金に「未開拓の土地」を求めるのが、現在生まれつつある新しいシステムであると思われるのです。

ポスト・アメリカはない――中核のない時代を作り出したデジタルメディア

近代世界システムでは、中核となる国があります。経済の中心である以上、中核国には大量の商業情報が流入します。中核とは、商業情報の中心であることは間違いありません。

しかし、デジタルメディアの発展により、情報の中心といえるような場所がなくなっています。

それを示す、具体例を述べましょう。リビアの独裁者であったカダフィに対し、民衆の不満が一気に爆発し、二〇一一年に内戦により銃殺されました。

カダフィは、リビアの携帯電話のネットワークを機能不全にしようとしたのですが、どこからともなく敵対者が次々と現れたため、ある電話がどこにつながっているのかが、把握できなくなったのです。したがって、カダフィは、どのように対処すべきかわからなかったというのが実状でしょう。

デジタルメディアの発達によって、世界中どこからでも情報が発信でき、もはや情報の中心といえるような場所はなくなっています。それは、中核国に情報が集約されるという近代世界システムの終焉を意味するものだと思われます。

しかし、情報の中心がなくなっても、形態を変え、支配＝収奪関係は続いています。飽くなき利潤追求は、なお続いているのではないかと思われます。

では、どうしてそういう状況が発生したのでしょうか。

ウォーラーステインの提唱する近代世界システムでは、国際分業体制により、工業国が第一次産品輸出国を支配＝収奪する関係がみられました。国際分業体制における支配＝収奪関係では、主に中核国が周辺地域を収奪しました。そこには、中心となる国が存在したのです。先進国がどの国を収奪しているのかということは、比較的簡単にわかりました。そもそも欧米列強は植民地支配をしており、支配＝収奪の関係は明確に認識できたのです。

それに対し現代社会では、一般の人々が、インターネットを使って注文することで、支配＝収奪の関係が生まれるようになっています。

インターネットでの注文にすぐに対応するために、たとえばアマゾンには巨大な倉庫がありす。そして、そこで働く人々の賃金は非常に低いのです。

さらにインターネットは、世界の裏側から商品を取り寄せることさえ容易にしました。しかしわれわれは、地球の裏側で働く人々に十分な賃金が支払われているかどうか、子供が働かされていないかどうかなどを、調べる能力はありません。

このような支配＝収奪の関係は、以前からありました。ですがインターネットによって、それははるかに強くなったのではないでしょうか。したがって、知らず知らずのうちに、私たちは貧困にあえいでいる人たちを搾取する可能性があることは、忘れてはならないと思います。

デジタルメディアによる支配＝収奪関係には、中心は存在せず、誰もが、意図せず、そして知らぬ間に、誰かを支配＝収奪する可能性があるということを認識しておくことが重要でしょう。

中心がなく、誰もが支配＝収奪する側になりえるにもかかわらず、それに気づかない世界が、現在生まれつつあるということです。それは、新しい世界システムの誕生を意味するのかもしれません。

ときおり、「ポスト・アメリカ」はどこかということが議論の対象となります。それは、近代世界システムが今後も存在するという前提での議論です。中核のない時代には、近代世界システムは存在できません。

したがって「ポスト・アメリカ」はない、というのが、私の考えです。

玉木俊明 たまき・としあき

京都産業大学経済学部教授。大阪市生まれ。1987年同志社大学文学部文化学科卒。93年同大学院博士課程単位取得退学。96年京都産業大学経済学部講師、2000年助教授、07年教授。09年「北方ヨーロッパの商業と経済 1550-1815年」で大阪大学博士（文学）。主な著書に『近代ヨーロッパの誕生』『海洋帝国興隆史』『ヨーロッパ覇権史』などがある。

日経プレミアシリーズ｜323

先生も知らない世界史

二〇一六年一〇月一一日　一刷

著者　玉木俊明

発行者　斎藤修一

発行所　日本経済新聞出版社
http://www.nikkeibook.com/
東京都千代田区大手町一―三―七　〒一〇〇―八〇六六
電話（〇三）三二七〇―〇二五一（代）

装幀　ベターデイズ

組版　マーリンクレイン

印刷・製本　凸版印刷株式会社

ISBN 978-4-532-26323-2　Printed in Japan

日経プレミアシリーズ 177

昆布と日本人

奥井　隆

明治維新で倒幕資金の源になった、山の養分で味が決まる、ヴィンテージの仕組みはワインと同じ……。知っているようで、意外に知らない「母なる海産物」の魅力・秘密の数々。創業140年を誇る昆布商の主人が歴史から、「うま味」の本質、おいしい食べ方まで、昆布の興味深い話をていねいに伝えます。

日経プレミアシリーズ 208

東京ふしぎ探検隊

河尻　定

東京には「ふしぎ」があふれる。銀座の一等地には住所のない場所があり、なぜか国道1号は第二京浜で、神田には1丁目がない町がある……。なぜなのか。大都会のミステリーの核心に迫ると、日本の意外な歴史の真相にたどり着く。日経電子版の大人気連載企画、待望の書籍化。

日経プレミアシリーズ 230

巨大津波　地層からの警告

後藤和久

「過去に起きた津波は必ずまた起きる」。地層には、津波や地震、噴火など、地球上の過去46億年の変動の爪痕が残されている。地層からの〝警告〟を見逃さず、日本列島で将来起こる可能性のある災害の姿を地質学から読み解く。

日経プレミアシリーズ169

京都ここだけの話

日本経済新聞 京都支社 編

舞妓さんと宴席、その相場は。一見さんお断り、突破するには。「よろしおすな」の本当の意味とは……。京都に赴任した記者が、たくさんの本を読んでも知り得なかった「とっておきの情報」を惜しげもなくお伝えします。観光や遊びはもちろん、仕事にも生活にも役立つ新しい京都指南書です。

日経プレミアシリーズ192

京都ここだけの話「あんな、実はな…」の巻

日本経済新聞 京都支社 編

ピーマン消費日本一の「なるほど！」な理由とは。なぜ適齢期の未婚率が高い。「京都ならでは」の取材の苦労とは……。京都に赴任した記者が、「とっておき情報」をお伝えする好評シリーズの第2弾！ 地元の人も意外に知らない、古都の魅力と秘密と裏話を、さらに深く、面白くお伝えします。

日経プレミアシリーズ229

おどろき京都案内

日本経済新聞京都支社

「京都に温泉、隠れた名湯」「京都のマンガ・アニメは平安期に起源？」「京都市民は全国屈指のコーヒー好き」……。京都で取材する記者が、住まなければわからない、住んでいても知らない「とっておき情報」を一挙公開。古都の楽しみ方がもっと豊かになる、日経電子版の好評連載をまたまた書籍化！